JN006146

頭の中に

一生モノの

英語回路

をつくる

本気で話したい人のための英語トレーニング

予約の取れない英語プロコーチ 埜村友香
Yuka Nomura

Prologue

「自分の言いたいことが 80%、英語でスラスラ話せます」

　これがこの本のすべてです。

　しかし、実際に話せない人がいます。それは、単に話せるようになる方法を知らないだけです。ですから、それに取り組めば誰でもそれは可能になります。

　そして、この本ではその方法をお伝えします。

　ですから、英会話スクールに通ったりオンラインレッスンを受けたりインターネットで高価な教材を購入する必要はありません。

　ただし、どなたもがこの本を読めばスラスラ話せるようになるわけではありません。まずは、本を読んでください。そして、その内容に取り組むと約束してください。その方だけがその力を手にいれることができます。

　さぁ、どうしますか?

　その後の「英語」との付き合い方を決めるのはあなた次第です。

　そして、80% 英語で言いたいことが言えるようになったあなたにはさらなるご褒美が待っています。

　そのご褒美とは何だと思いますか?

　それは、あなたの人生が確実に良い方へ変化しだすということです。100%の確率で!と言ってもいいかもしれません。コミュニケーションツールとしての「英語」を身につけて、自在に使えるようになると今まで思いもしなかった可能性、チャンスが手に入ります。

「英語」は確実に人生を良くするツールです。（経験者なので）そして、あなたが身につけた「英語」は誰もあなたから盗むことができないかけがえのない財産になります。

「英語」を自在に使えるようになってあなたの人生をより良いものに変えてみてください。あなたの年齢も環境も関係ありません。

　あなたの人生がより良く変わる、そのお手伝いができればとっても嬉しいです。

2020 年 1 月

埜村友香

Contents

Chapter3

さぁ、「英語」を話すトレーニングを始めよう 【5STEPs】

Chapter4

英語でとぎれずに会話するためには？

Chapter5

英語でコミュニケーションをとるための 8 つの Tips

Chapter6

さて、ここからはあなた次第！ Do whatever you want to do & Decide what you want to do with it.

●編集協力・DTP ／有限会社バウンド
●装丁／鈴木大輔、仲條世菜（ソウルデザイン）
●本文デザイン／ウダガワデザイン室

Chapter 1

あなたが「英語」を話せないのは
話せるようになる方法を知らないだけ

頭の中に「英語回路」をつくれば、言いたいことの 80%を英語で言える

日本の教育では「英語回路」をつなぐ方法を教えてくれない

　英語で言いたいことがあるのに、とっさに出てこない。そのときは思いつかなかったけれども、しばらくすると「あっ！　ああ言えばよかったんだ！」と気づく——こんな経験をしたことはありませんか？

　これは、あなたの頭の中には知識としての英語はしっかりと詰まっているにもかかわらず、その言いたいことを表現する英語が思いつかず、まったく口から出てこない状態を意味しています。つまり、脳にある情報を引き出すこと、そしてその情報を瞬時に口から発する回路がつながっていない状態です。

　私は、頭の中にある適切な英語情報と発話する口とをつなげることを「英語回路」と呼んでいます。この「英語回路」をつくってしまえば、あなたは自分の言いたいことの 80%をスッと話せるようになります。

　英語回路をつなぐための具体的なトレーニング法は Chapter 3 で詳しく説明しますが、その前に「なぜ、私たちは英語の勉強をしてきたのに英語回路がつくられなかったのか？」を少し考えてみたいと思います。

　多くの日本人が中学校で英語を学び始め、高校を含めると 1,200 時間以上英語を勉強します。大学に行けば、さらに多くの時間を英語の勉強に費やします。

　しかし、英語が話せない人は本当にたくさんいます。この本を手にとっ

ているあなたも多かれ少なかれ「英語を話すのは難しい」「とっさには英語が口から出てこない」と感じているのではないでしょうか？

　私たち日本人の多くが時間を割いて英語を勉強してきたのに「英語回路」がないのは、学校で「英語回路」をつくる具体的なトレーニング法を教えてくれなかったからです。

　学校の通常の英語の授業以外に、学校で英会話のクラスがあった人も多いと思いますし、英会話スクールに通った人もいると思います。でも、話せるようにならなかったですよね？

　あなたが受けた授業やレッスンはこんな感じではありませんでしたか。多くの場合、テキストがあって、いろいろな場面の会話例が載っています。そこで新しい英単語や表現を学んで会話をするスタイルです。そして、ネイティブ講師やクラスメイトとテキストの会話を練習する。テキストで学んだ文章を使って質問をされて答える。または、違うパターンで質問をする……。

　はっきり言います。

　この方法を漠然と続けても「英語回路」はできず、英語を話せるようにはなりません。担当のネイティブ講師の英語に慣れるでしょうが、自分の言いたいことをスラスラ話せるようにはなりません。これは英語を話せるようになるための「英語回路」をつくる具体的なトレーニング法ではありません。

　そうなんです！　方法が間違っていただけなんです。

　だから安心してください。いろいろな教材やスクールに貴重なお金と時間を使ってきたけれど、英語が話せないのは、話せるようになるトレーニングをしていなかっただけなんです。

　では、なぜその方法を誰も教えてくれなかったのでしょうか。世の中にはその方法が出回っていないのでしょうか。

いいえ、ちゃんとあるところにあります。ただ、マスコミやメディアで宣伝、露出されている情報にはありません。実際、その情報にアクセスすることができて、その方法で取り組んだ人は話せるようになっています。

　あなたは、すでにこの本を読んでいます。つまり、英語を話せるようになるための「英語回路」をつくる具体的なトレーニング法にちゃんとアクセスできているので、きちんと話せるようになります。

　楽しみにしてくださいね。

間違った英語を話したほうが
英語の上達は断然早い！

正しい英語って何ですか？

　日本人が英語を話せない大きな理由のひとつとして、「テストのための英語の勉強しかしてこなかったから」というものが挙げられます。

　学生時代の英語は、テストで良い点数を取るためのものでした。学校のテストでは、常に答えはひとつ。私も含めて多くの人は「間違えてはいけない」「間違えたくない」と潜在意識に刷り込んでしまったのではないでしょうか。その結果によって私たちは点数を付けられたきたので、英語で話そうとすると無意識に「間違えたくない」と思ってしまうのです。

　考えてみてください。「英語」は、「日本語」と同じコミュニケーションツールで、答えがひとつではありません。

　たとえば、「昨日、友達と新宿に映画を観に行ってきたんだ。おもしろかったよ」と言うのと、「昨日、おもしろい映画を友達と新宿で観てきたんだ」とでは言い方は違っても伝わる内容は同じです。

　では、ここで質問です。あなたなら「昨日、おもしろい映画を友達と新宿で観てきたんだ」をどのように英語で言いますか？

I went to see an interesting movie with my friend in Shinjuku yesterday.

もしかしたら、こう言うかもしれません。

I watched a movie with my friend in Shinjuku yesterday and it was fun.

　この2センテンスは違う言い方ですが、両方正解です。

　あなたの頭の中ではこんなことが起こったかもしれません。
「昨日、おもしろい映画を友達と新宿で観に行ってきたんでしょ？　これだと『映画を観た』だから watched a movie ？　いや、『映画を観に行った』だから went to see a movie?　あれ？　どっちが正しいんだろう？」
　こうなると脳がフリーズして、言葉がまったく出てこなくなります。
　繰り返しますが「英語」も日本語と同じように表現方法はいろいろあります。改めてこう言われると納得できませんか。このことをしっかり理解していただきたいと思います。

　ここでは重要なことが、もう1点あります。
　先ほども日本人は無意識に「間違えたくない」という意識が働くと述べましたが、この延長上には「間違えたら恥ずかしい」という意識が多くの人に働いています。
　私は、日本人は外国人たちと比べてどちらかといえば、「何事も正しくあるべき」と考える完璧主義の傾向が強いと思っています。英語を話すなら「正しい英語を話さないといけない」と感じている人が多いのです。

　ところで、あなたは常に正しい日本語を話していますか？
　私は日本語ネイティブですが、常に正しい日本語を使っているかと言われれば、まったく自信がありません。あなたも教科書どおりの正しい日本語を常に話しているわけではなく、きっと間違った日本語を話しています。同じように**世界中の英語を話す人たちも文法を間違えたり、誤った話し方**

をしています。

　たとえば、多くのアジア人はガンガン英語を話しています。代表はシンガポール、マレーシア、インドなどです。特にシンガポール人が話す英語は、その独特な発音から「シングリッシュ」と呼ばれたりしています。インド人の英語のアクセントもクセがあります。

　しかし、彼らは「自分が話している英語が正しいか」「英語ネイティブがどう感じるか」なんておかまいなしで、「あなたはなぜ私の英語を理解できないの？」と言わんばかりです。

　現在ではネイティブ同士の英語でのコミュニケーションよりも非ネイティブとの英語でのコミュニケーションが普通になっています。

　統計では、この地球上で英語を使う英語ネイティブが22％なのに対して、第2言語として英語を使う人口は78％を占めています（Harvard Business Review, 2012年10月号）。この統計は少し古いので、今ではその割合は非ネイティブのほうがさらに増えているはずです。

　決して間違った英語を話してもいいと言っているわけではありません。ビジネスシーンで金額、数量、期限などは間違って伝えてはいけませんが、**ちょっとした動詞の使い方や前置詞を間違えることを気にして話せなくなる状況はもったいないを通り越して愚の骨頂です。ビジネスシーン以外での英語での会話では間違ってもいいのでどんどん話しましょう。**

　間違いを指摘されると、その一瞬は「恥ずかしい」かもしれませんが、それはあなたに必ずしっかりと刻み込まれて、そのとき指摘された正しい英語を身につけるきっかけになります。
「正しい英語を話さなければならない」という呪縛にとらわれることなく、どんどん話して間違うことをおそれないでください。
　間違った経験が多い人のほうが英語の上達は断然早いのです。経験者の私が言うので間違いありません。

文法や英単語の勉強をしても
英語を話せるようにはならない

これまでの文法や単語の「お勉強」は、いったん忘れよう！

ズバリ言います。

英語が話せるようになるには「英語のお勉強」をしていてはダメです。もちろん、英文法を学んだり、語彙力を増やすことは大事です。しかし、「英語を話せるための英語回路をつくる」ためには、お勉強ではダメなんです。

英語を話すには「脳と口のトレーニング」をしなければなりません。脳と口の筋トレです。これがまさに「英語回路」をつくることになります。必ずしも常に机に座ってテキストを開く必要はありません。それよりも体を使って、声に出すことが重要です。

多くの人がこう言います。

「英語やりたいんですけど忙しくって時間がとれないんです」
「英語をやっても続かなくて……」

私に言わせると、こう言っている人は英語を本当に話せるようになりたいと考えていないか、英語は「お勉強しなくてはいけない」と思い込んでいる人です。こういう人は、「やりたいんですけど……」と言い続けるだけで、一生、英語をものにはできません。

英語をスラスラ話したいと本気で考えているなら、お勉強ではなく、「英語回路をつくるトレーニング＝脳と口の筋トレが必要」であることを理解

して、スキマ時間を有効に利用してトレーニングすることです。そうすれば、思っているよりも早く英語がスラスラ話せるようになります。

「でも、英語力がないと話せるようにはならないから、文法や単語をやらないといけないんじゃないですか？　これってお勉強ですよね？」

　そんな声が聞こえてきそうですね。

　もし、あなたが中学校で学んだ英文法と単語が頭の中に入っているなら、一度あなたの考えている文法や単語のお勉強のことは忘れてください。今はそれ以上の英語の知識は必要ありません。

　なかには「英語のお勉強」が好きな人がいます。お勉強が得意な人に「英語の勉強はしないでください」とは言いませんが、「英語を話せるようになりたい」と私のコーチングに申し込んできたのに、**トレーニングはせずに単語を覚えて、高度な文法ばかり気にする人は、話せるようにはなりません**（もちろん、トレーニングに取り組むことで、話せるようになります）。

　誤解がないようにお伝えしておきますが、私は語彙を増やしたり、文法の勉強が不要だとは思っていません。

　まずは自分の言いたいの80％を英語で言えるようになってから、英語力を高める取り組みをするほうが理解度が上がり頭に入ってきやすくなります。英語力を高めるには、そのほうが効率的なので断然オススメです。

まだ、単語集で単語を覚えますか？

必死に英単語を覚えるのはオススメできない

　前項では「英単語を覚えて語彙力を増やすお勉強をする前に、英語を話せるようになってください」とお伝えしましたが、違った視点から、英語力を上げるための単語や文法を習得する方法についてお伝えしましょう。

　ここではまず、多くの人が勘違いしている単語へのアプローチについてシェアさせてください。

「英語を話すには単語を覚えるのがまず第一でしょ」

　そう考える人がほとんどだと思います。

　もちろん、英語は単語の羅列ですから、英単語の知識がゼロであれば、英語を話すことはおろか、理解もできません。ただし、すでにお伝えしたように、中学校で学ぶ英語の知識が頭に入っているなら、語彙を増やす努力をする前に、スラスラ話せるようになる取り組みをオススメします。

　理由は簡単です。こうすることで **「話せるようになる＝使える英語」** にできるからです。

　私が単語集で単語を必死に覚えることをオススメしないのには、もちろん理由があります。

　私はこう聞きたいんです。

「あなたが今、がんばって覚えているその単語集の単語、あなたの人生ですべて使いますか？」

　TOEICや英検、IELTSなどを受験するのであれば、単語を知らなければ、良いスコアを取れませんから、試験対策に単語集は必須です。しかし、あなたが英語をスラスラ話したいのなら、その必要はありません。

　多くの人は、単語集で覚えた単語を使いこなせていません。
　暗記をして脳に単語を蓄積しても、実際に会話で使うわけではないので、知識としての単語でしかないのです。そもそも単語集に出てくる単語は、データベースから抽出された汎用性が高い一般的な単語です。「だからいいんじゃないの？」と思うかもしれませんが、私はだからこそ無駄が多いと感じています。

　あなたはあなたという唯一無二の人間です。あなたの両親、兄弟、仲の良い友人、恋人の誰とも違う人間です。趣味、趣向、行動、言動、思考……すべて同じではないはずです。
　私は、「あなたにはあなたに必要な単語がある」と考えています。
　AさんとBさんの話し言葉は同じものもあるけど、違うものもあります。中学校で学んだ単語は基本の単語です。これらで同じ話はできます。その単語力で表現するのに足りないものがあなたに必要な単語です。
　もちろん、専門職やビジネスでコミュニケーションをとる必要があれば、私もその人にあった単語集をオススメします。
　自分の言いたいことを英語で話せるようになりたい人には、単語集で単語を覚えるのはいったんストップしていただいて、英語が話せるようになるための取り組みにフォーカスしていただきます。

　それでもあなたはいつ使うかもわからない英単語を覚え続けますか？

Chapter
1
あなたが「英語」を話せないのは
話せるようになる方法を知らないだけ

英語をスラスラ話すには、中学3年生レベルの文法で十分

中学3年生のレベルの文法で、英語はスラスラ話せる

　文法は大事です。ルールですから無視できませんが、はっきり言うと、**英語をスラスラ話すのに必要な文法のほとんどは、中学3年間で学んだ文法でほとんどカバーできます。**

　もし、あなたが英字新聞や論文、洋書、とくに小説などのフィクションを読みたいなら高度な文法力が求められます。しかし、友人と話す、海外で不自由なくコミュニケーションをとる、海外のセミナーに参加して参加者と交流する——そのためであれば、中学3年間で学んだ文法で十分です。

　もし、あなたが中学レベルの文法が怪しいのであれば、簡単な中学文法をさっと復習することをオススメします。

　中学1年生レベルの英文法で出てくる SVO や SVOC を覚えていますか？　主語、動詞、目的語、補語といった、いかにもお勉強的な説明です。

　ネイティブの友人が日本に来たときに、あまりにも日本人が英語を話せない人が多いことに驚いて私に質問してきたことがあります。

　私は日本では義務教育の中学から英語の授業があることや、中学1年生で SVO とか SVOC とか習うことを伝えると「それ何？」と驚いていました。大多数のネイティブはそんなことを全然気にしていないのです。

　教科書では学問として、または説明モデルとして良いと考えられて採用されているのだと私は推測していますが、いちいち文型を考えていたら

まったく話せないですよね？

　ですから、中学１年生レベルも英文法が怪しいあなたも、SVO のくだりは飛ばしても大丈夫です。ただ誤解のないように補足しますが、高度な文章を読んだり、書くときにはこの「文型」の理解はとても役立ちます。

　もうひとつシェアしたいことがあります。

　なかには、学生時代成績優秀で文法が完璧な人もいると思います。TOEIC 満点や英検１級という人もいるかもしれません。そういう人のなかには英語の読み書きはできても、会話がまったくできない人がいます。

　もちろん、もともと英語力が高い人は英語を話せるようになるトレーニングをすれば簡単に話せるようになりますが、英語力が高いゆえに「100%理解、納得できないと前に進めない」という弊害が起こったりします。

　たとえば、**So far, so good.** という言い回しがあります。「今のところ順調だよ」という意味です。

　海外旅行などで現地人と会話していると、**How's your trip?**（**旅行どう？**）と聞かれることがあります。そんなときにこう返したりします。

So far, so good. Thanks.
今のところ良いよ。ありがとう。

　この **So far, so good.** を文法で理解しようとする人は、このフレーズに頭を抱えます。ネイティブの友人に聞いても「そういう言い回しだから何も考えずに使え」という回答でした。このような文法的に解釈ができないフレーズが英会話にたくさんあります。

　これらのフレーズを取り上げて一生懸命、文法的解釈をしようとして納得ができないから前へ進めないのは、少し馬鹿げていませんか？
　英語をスラスラ話せるようになりたいなら、文法は中学レベルで大丈夫。それよりもまず話せるようになるトレーニングに取り組みましょう。

幼稚園児に伝わる言葉で英語にすれば、英単語を知らなくて大丈夫！

幼稚園児にわかる日本語に変換して英語にする

「英語がとっさに出てこない」「言いたい英語が思い出せない」のは、英語回路ができていないのが理由だとお伝えしましたが、実はもうひとつ多くの日本人が陥る「英語のワナ」があります。

「彼は食に関して無頓着なの」

　これを英語で言うとすると、あなたはどうしますか？
「彼は **He** でしょ。食に関しては **about food** でいいのかな？　無頓着？無頓着って何て言うの？」
　そんなことを考えながら、辞書で「無頓着」を調べる……という流れでしょうか。
　しかし、とっさに「無頓着」が頭に浮かばなければ、口ごもることになってしまいます。
　ちなみに「無頓着」を調べてみると、**indifferent** でうしろにつく前置詞は to ですので、辞書を引いた多くの人は、こう表現すると思います。

He is indifferent to food.

　しかし、多くの人はとっさに「無頓着」という単語は浮かばないでしょう。

このとき考えてほしいのは、「無頓着」という言葉は、「幼稚園児に伝わるか？」です。伝わらないですよね？

　ここがポイントです。**もし日本語で自分の言いたいことがあるけれど、その日本語に対応する単語が思い浮かばないときは、幼稚園児にもわかる日本語に変換してみてください。**

　では、先ほどの「彼は食に無頓着なの」を幼稚園児にわかる日本語に変換するとどうなるでしょうか。

He is not interested in food.
彼は食に興味がないの。

He doesn't want to think about food.
彼は食べ物のことを考えたくないの。

「でも、この表現ではニュアンスがきちんと伝わらない！」という声が聞こえてきそうですが、**「ニュアンス」という言葉は、あなたが自分の言いたいことを80％スラスラ英語で言えるようになるまで忘れてください。**自分の言いたいことの80％を英語で話せるようになれば、次の段階としてニュアンスを考えて話すトレーニングができる段階になります。

「私は自分の考えた日本語を英語で表現したいんです」と思っているなら短期間で英語をスラスラ話せるようにはなりません。あなたが考えているのは日本語を英語に直訳したいということです。直訳しようとするほど「自分が話せないのは単語力が不足しているからだ……」「話せるようになるにはもっと英文法の知識が必要だ……」と、さらに話せなくなるという負のスパイラルにはまっていくのです。

　多くの日本人が英語を話そうとするときに「直訳」します。そして「話せない」と思い込んでいるのです。

英語を書くのが得意ですか？

文法の正確さよりもコミュニケーションのスピードが大事

あなたはまだ英語をスラスラ話せないかもしれませんが、英語の読み書きは得意ですか？　もし、あなたが英語を書く、つまり英文を構成するのが得意なら、英語を書くのが苦手な人よりも話せるようになるのは早いはずです。もちろん、読むのが得意な人も有利です。

読む行為はインプットです。たくさん読める人は英語を書くのが得意なことが多いものです。英語を書くのが得意な人が有利なのは、英語を話すときに瞬時に頭の中で英語を構成して、それを発話できる（アウトプット）からです。

もし、あなたが英語を書くのが苦手であれば、ぜひトレーニングしてください。自分の言いたいことの英文を構成できないと、いくら「英語回路」を手に入れてもなかなか話せるようにはなりません。

もし、**あなたが「英語を書く＝受験でやってきた関係代名詞などを駆使した英文」をイメージしているなら、大きな間違いです。**私がここで言っている英文は簡単、簡素でシンプルな短文です。シチュエーションをイメージして、できるかぎりたくさんつくってみてください。

その理由は、仮に英語を 10 センテンス書けたとしても、話す段階ではおそらくその 20 〜 30％くらいしか話せないからです。

もちろん、上級者はこれには当てはまりませんが、中学レベルの英語力

の人なら、これくらいの割合でしか話せなせてないと感じます。

　たとえば、外国人観光客に道を聞かれる場面で、外国人にどんな質問をされるかをイメージします。たとえば、次のような質問です。

Excuse me, could you tell me the way to Tokyo Station?
すみません。東京駅へどうやって行けばいいですか？

　そして、それに対する答えをシンプルな短文でつくります。無理に関係代名詞を使おうとしたり、難しい単語を使おうとしないでください。幼稚園児が理解できる日本語に変換して簡単な英語で表現してください。

Go straight. Then turn right at the next corner.
まっすぐ行って、次の角を右に曲がってください。

　こんな感じにシンプルな短文で十分に通じます。

　もうひとつ注意してほしいのは「スピード重視」ということです。英語を話すときは、**文法の正確さよりもスピードに重きを置いてください**。実際のコミュニケーションでは、もちろん正確性は大事ですが、それよりも相手がいるのでスピードのほうが大事です。

　先ほどのシチュエーションを考えてみてください。普通のスピードでコミュニケーションがとれるものの文法に間違いがある人と、文法は正確でも話すスピードが遅い人だと、コミュニケーションとして成立するのはどちらだと思いますか？　私なら、文法は多少間違っても普通のスピードで話してくれる人のほうがコミュニケーションしやすいと感じます。
　「英語回路」をつくるのと同時に取り組んでいただけると話せるようになるスピードがものすごく速くなります。
　騙されたと思って取り組んでみてください。

「続ける」ことが最も重要なこと

英語を話せるようになるまで続けられる3つの方法

「簡単」に英語を身につけるために最も重要なことは、「続ける」ことです。

　自分が望む英語レベルに到達するまで続けることで確実に身につきます。「そりゃそうでしょ！　そんなことはわかっているけれど、続かないから困っているんじゃない！」という声が聞こえてきそうですね。

　そのとおりです。

「よし、今日から英語がんばるぞ！」と始めても、三日坊主で終わってしまう確率はかなり高いですよね。しかし、「続ける」方法があるんです。

　英語を身につけるための取り組みを続けられるようにするコツは、以下の3つです。

①ゴール設定をすること
②自分に合った「続ける」ための方法を知ること
③自分のモチベーションについて知ること

　まずひとつめは**ゴール設定をすること**です。

　ここであなたに質問します。

「なぜあなたは英語を身につけたいのですか？」

「英語がペラペラ話せるようになったら何がしたいですか？」

図1-1 | 目標設定する際に役立つ「SMARTの法則」

(S) Specific ━━━━━▶ 具体的な目標
(M) Measurable ━━━━━▶ 測定可能な目標
(A) Agreed upon ━━━━━▶ 達成可能な目標
(R) Realistic ━━━━━▶ 現実的な目標
(T) Time-bound ━━━━━▶ 期限がある目標

図1-2 | 目標設定する際に役立つ「MACの法則」

(M) Measurable ━━━━━▶ 測定可能な目標
(A) Actionable ━━━━━▶ 行動できる目標
(C) Competent ━━━━━▶ 価値観に合う目標

　この質問に明確に、より具体的に答えていくことでゴール設定ができます。よく「英語を話せるようになる」ことをゴールに設定する人がいますが、これをゴールに設定している限りは英語を身につけることはできません。

　英語はコミュニケーションツールです。

　この世界共通のコミュニケーションツールを身につけて何を実現したいのか？　何を手に入れたいのか？　を明確にすることが重要です。

　この具体的なゴール設定には「SMARTの法則」（図1-1）という方法や、「MACの法則」（図1-2）を使うと簡単に具体的なゴール設定ができます。参考にしてください。

ふたつめの方法は、**自分に合った「続ける」ための方法を知ること**です。これには具体的な英語習得のためにトレーニング方法を含みます。

　自分に合った「続ける」ための環境をつくり、自分のゴールへ最短で到達するための自分に合った方法で取り組むことです。あなたとＡさんの得意なこと、苦手なことは違います。苦手なことをつらい思いをしながら続けていては英語が嫌いになってしまうかもしれません。これは最悪です。

　Ｂさんは自分で計画を立てて着実に実行していくのが得意かもしれませんが、あなたは苦手かもしれません。もし、苦手なのであればサポートが必要になるかもしれません。そのサポートもあなたに合ったものをチョイスすることが重要です。

　最後の３つめは、**「自分のモチベーションについて知ること」**です。

　ここで私がお伝えしたいのは自分のモチベーションのマネージメントについてです。生活パターンも趣味、趣向も違うはずですから、あなたとＣさんはマネージメントの方法も違うはずです。それでも、共通することもあります。それは、「英語がんばろう！」と思い立ったそのときは、おそらくどの人も100％の高いモチベーションをもっています。そして、悲しいことに、その100％のモチベーションは、その瞬間をピークに時間の経過とともにマネージメントしないと下がる一方です。

　では、どうすればどんどん下がっていくモチベーションを維持、マネージメントできるのでしょうか。

　これについては Chapter 3 で詳しくお伝えしていきますね。

Chapter *2*

「英語」を話すということは？

「英語が話せない！」から
ネイティブレベルまでの道

最初からネイティブみたいな英語を目指すのは間違い

「ネイティブみたいな英語が話せるようになりたいです！」

　私がセミナーをしていると、多くの人が「どうすれば英語を話せるように
なりますか？」と質問をしてきます。私は必ず「あなたはどんな英語を
話せるようになりたいのですか？」と聞き返します、すると、多くの人が
「ネイティブみたいな英語を話せるようになりたいです！」と答えます。

　まず強調したいのは「英語を話す＝ネイティブみたいな英語」ではない
ということです。世の中には「ネイティブみたいな英語」という言葉が飛
び交っています。そのせいもあるとは思いますが、**多くの人は「英語を話
す＝ネイティブみたいな英語」という認識を持っているようですが、この
認識のままだと英語は話せません。「挫折するから」です。**

　そもそも「ネイティブみたいな英語」とは、どんな英語なのでしょうか？
仮に「英語を母語とする人たちの話すのと同等の英語のレベル」としましょ
う。
　ここで、もう一度立ち止まって考えてください。「どうすれば英語を話
せるようになりますか？」という質問をしてくる人は、おそらく自分でも
「自分の英会話力は低い」と認識しています。英語でコミュニケーション

は5％できるかどうか……といったところでしょうか。英会話スクールで初心者レベルの人たちでしょう。

ほとんどの人は「英語を話せるようになりたい」と口では言いながら、何かに取り組んでいるわけではありません。英語を母語とする人の英語レベルを「100」とします。「英語を話せるようになるにはどうすればいいですか？」という質問をしてくる人たちの英語レベルを仮に「10」とすると、その差は「90」もあります。

いきなりネイティブレベルを目指すのは、あまりにも無謀なゴール設定ではないでしょうか？　まったくの登山初心者が、いきなりヒマラヤ級の山に挑戦するようなものです。

日本の博物学者、生物学者、民俗学者で習得した言語が7カ国語とも10カ国語以上ともいわれる南方熊楠のように、ずば抜けた記憶力と知識があれば、ものすごいスピードで英語を習得してネイティブ並みに使いこなせるでしょう。しかし、そんな能力がある人は稀です。普通の人なら前述したように挫折するでしょう。

しかし、「それを言ってはおしまい」なので、ここで「ネイティブレベルの英語力」を習得するまでの道のりをシェアします。

80％の英語を話せて、理解できて「基礎レベル」

何かに取り組む際には「ゴール設定が大事」とChapter 1でお伝えしました。「英語はどうすれば話せるようになりますか？」という質問をする人が最速最短で「ネイティブレベルの英語力を身につける」ためには、そこへ到達する正しい道のりをまずは知る必要があります。

それが、「語学レベルの3段階」です。

基礎レベル、中級レベル、ネイティブレベルの各レベルを順にクリアしていかなければ、ネイティブレベルの英会話力に到達できません。いきなりネイティブレベルを目指してはいけないのです。

表 2-1	3 段階の語学レベル
基礎レベル……………	自分の言いたいことが 80% 英語で伝えることができ、ネイティブの話す英語が 80% 聞き取れる
中級レベル…………	1 対 1 のコミュニケーションだけではなく、2 人以上のネイティブの会話に割って入ってコミュニケーションができる
ネイティブレベル…	相手に合わせて言い回しを変えることができ、あらゆるトピックでしっかりとした議論やコミュニケーションができる

　まずは、基礎のレベルの英会話力を身につけることです。

　基礎レベルは、「自分の言いたいことが 80% 英語で伝えることができ、ネイティブの話す英語が 80% 聞き取れるレベル」です。この本が目指しているのは、この基礎レベルです。

　中級レベルは「1 対 1 のコミュニケーションだけではなく、2 人以上のネイティブの会話に割って入り、コミュニケーションができるレベル」です。「ネイティブの話す英語が 80% 理解できる」リスニング力を身につけ、さまざまなトピックでコミュニケーションがとれるレベルです。

　中級レベルの上の「**ネイティブレベル**」になれば、ネイティブが使いこなす言い回しや、相手に合わせて言い回しを変えることができ、あらゆるトピックでしっかりとした議論やコミュニケーションができます。

　ネイティブレベルの英語を身につける大まかな道のりを見てあなたはどう思いますか？　大変だなと感じているかもしれませんね。

　ここで、もしあなたが本当にネイティブみたいな英語を話せるようになりたい！　と熱く感じたなら、この本でシェアしていることをしっかり取り組んで、**まずは基礎レベルの「自分の言いたいことが 80% 英語で伝えられる」**能力をしっかり身につけてくださいね。

自分に必要な英語を把握せずに、勉強しても遠回りするだけ

英会話スクールや、英語教材は「遠回り」になる

あなたは「自分に必要な英語」がどんな英語か把握していますか？

繰り返しになりますが、私に「英語が話せるようになりたいんですけど、どうすればいいですか？」と質問する人に私は必ずこの質問をします。「どんな英語を話せるようになりたいんですか？」

たいていの人は頭の中が「？？？」になってしまうようですが、あなたはいかがですか？

よくある答えが「日常会話ができるようになりたい」という答えです。では、再度、質問です。

「日常会話とは、具体的にはどんな会話ですか？」

もし具体的に答えられたら、あなたは自分に必要な英語を理解できているので問題ありません。しかし、具体的に答えられないのであれば、自分に必要な英語がわかっていないことになります。

目指すべきゴールが「日常会話」ではあまりにも抽象的です。

おそらく「日常英会話」という言葉が一般化したせいで、「どんな英語を話したいか」を事前に考えることなく、英会話スクールの体験レッスンを受けたり、教材を購入しがちになっているのだとは思いますが、「日常会話」という曖昧な言葉を手がかりに、英会話に取り組んでも、簡単に、そして短期間で英語を話せるようにはなりません。

英会話スクールに通ったり、高額な教材を購入しても、英語を十分話せるようになる人が少ないのは、そのためです。

　通常、英会話スクールや教材ではさまざまなシチュエーション別の会話が掲載されたテキストを使用します。そして、その会話例を用いて練習する形式をとっています。これが大きな問題なんです。

　なぜなら、テキストに載っているシチュエーションの英語があなたにとって必ずしも必要なものばかりではないからです。「基礎レベル」の英語を習得する際に、必要のない英語を覚えるのは時間の無駄です。

　英会話スクールや教材を使った学習は、近道どころか、無駄なことをして遠回りしなければならないため、目指すレベルに到達するのに時間がかかりすぎます。しかも、かなりの遠回りなので、多くの人が挫折します。どんなことでもそうですが、正しい方法を知らずにやみくもに取り組んでも結果は出にくいものです。

　たとえば、次のようであれば、「日常会話」からずいぶん具体的になっています。

・海外旅行で困らない英語力を身につけて、バーやレストランで現地の人と会話を楽しみたい
・海外のフリーマーケットやフェアへ買い付けに行って現地の人と交渉して商品を購入したい

　さて、あなたに必要な英語はどんな英語ですか。できるだけ具体的にしてください。そして、目を閉じてそのシチュエーションで英語でコミュニケーションをとっているあなた自身をリアルにイメージしてください。

　鮮明に、ありありとですよ！　きっと、ワクワク感や嬉しい気持ちを感じると思います。その気持ちをぜひ大事にしてください。

　「どんな英語を話したいのか」を明確にできれば、正しいアプローチ、トレーニングに取り組めば良いだけです。

本当に話したいことわかってる？

日本語で説明できなければ、英語で説明できるわけがない

　ある受講生さんのお話です。

　この受講生さんが外国人と話していて、あることにについて質問されました。でも、彼はうまく説明できなかったと私に報告してくれました。彼はもう十分に「基礎レベル」には到達していたので、おかしいなと思い、「それについてどのように説明したかったの？　日本語でいいから私にわかりやく説明して」とお願いしました。

　ところが、彼は日本語で私にわかるように説明できなかったのです。

　もうおわかりですよね？

　日本語で説明できないことを、英語で説明できるわけがありません。

　多くの人に起こりやすい「英語が話せない」と直感的に感じてしまう原因はいくつか考えられます。

　だいたい、以下のような感じではないでしょうか。

・単純に単語が浮かばなかった
・文法が間違えてないか気になって口ごもってしまった
・緊張して頭がフリーズした
・英語でどう言えばいいのかわからなかった
・もともと日本語でどう言えばいいのかがわからなかった

そして「やっぱり自分はまだ英語が話せない」と認識してしまうのです。

うまくいかなかったネガティブなことにフォーカスしてしまう➡話せないから話さない➡話さないから話せない——負のスパイラスに真っ逆さまです。

彼は「基礎レベル」で自分の言いたいことの80%を英語で言える英語力が身についていたにもかかわらず、このあと、「どうしたらいいですか。全然話せなかったんです」とものすごく落ち込んでしまいました。彼はネガティブな面にフォーカスしてしまったのです。

あなたは同じように「あー。やっぱり英語、話せない」と思ってしまった経験はありますか？　もし、YESなら今後はこうとらえてください。

英語を話せない経験をすればするほど、あなたの英語力はアップする。

なぜなら、このような経験があなたに不快感を与えることで強く記憶に残るはずです。これがチャンスになります。何も実感しない状態でインプットやアウトプットするよりも、不快感であれ快感であれ、何かを強く感じているときに正しい情報を取り入れると確実に身につきやすくなります。

たとえば「単語が出てこなかった」のであれば、その実感がある間に言いたかったことを調べて音読してみるなどのトレーニングをすれば必ず身につきます。

「もともと日本語でどう言えばいいのかわからなかった」のであれば、このチャンスは逃せません。しかも、相手はあなたにそのことについて聞いてきたのですから、違う人があなたに同じ質問してくる可能性はかなり高いはずです。これが、34ページで私が尋ねた「あなたに必要な英語は何？」の答えのひとつです。

のちほど詳しくお伝えしますが、自分が納得できるように英語で説明できなかった経験を大切にしてください。そして、**「できなかった」という**

経験をネガティブにとらえずに、英語が上達するチャンスととらえてください。

　そして、もうひとつ重要なことをお伝えします。
　たとえうまく自分の伝えたいことが表現できないときでも、相手と「コミュニケーション」をとる努力や工夫をしてください。
　たとえば単語が出てこなくても、自分の言いたいことがわからなくなっても、そのことをちゃんと相手に伝えてください。単語が出てこないなら「アー」とか「ウー」というのではなく次のように言うのです。

I don't know how to say it in English.
英語でどう言えばいいかわかりません。

It slipped my mind.
ど忘れしちゃいました。

I don't know how to explain in English.
英語でどう説明したらいいのかわからないです。

　こう言えば、相手は協力的にあなたの言いたいことをサポートしてくれるはずです。言いたいことがわからなくなったときでも相手は必ず反応して会話をサポートしてくれます。
　「英語が出てこないこと」にフォーカスするのではなく、ぜひ「コミュニケーションをすること」にフォーカスしてみてくださいね。

外国人を前にすると固まる人に
ぜひやってほしいこと

日本人と外国人の「普通」は違うことを理解しよう

　多くの日本人は、外国人を目の前にすると急に緊張して頭がフリーズします（もちろん、「基礎レベル」に達している人には起こりません！）。

　最近は、訪日外国人観光客が増えているので、外国人に声をかけられることも多くなっています（不思議なことに、英語が話せるようになるために努力しているとその確率は高くなります！）。外国人観光客に急に道を聞かれると、あなたにはこんなことが起こるかもしれません。

　「言っていることはわかる。○○駅にいきたいんだな……。でも、ふたつめの信号を右。あれ？　英語が出てこない……」

　いつもならスラスラと出てくるはずなのに、外国人を目の前にすると、脳がフリーズして、出るのは「アー、アー」という声と苦笑いだけ。

　英会話学校やオンラインレッスンでアウトプットのトレーニングをしている人であれば、外国人に慣れているので、そんなことは起こらないかもしれませんが、英会話のレッスンを受けている、または受けた経験のある人でも、急に声をかけられるとフリーズする人は多いようです。

　理由は主にふたつあります。

① 日本人だから
② 相手にどう思われるか気になるから緊張してしまう

「おいおい、日本人だからって、それどういう意味？」とツッコミが入りそうですが、まず「①日本人だから」についてお伝えします。

ここで強調しておかなければいけないのは、**日本語という言語はもちろん、文化、考え方、習慣……ほぼすべてが英語を話す欧米人をはじめとする外国人たちとは違う**ということです。

このことがベースとなってさまざまなことが起きてしまいます。詳しくは Chapter 4 でお伝えしますが、ここでは大きくとらえて「人とのコミュニケーションのとり方、間合いのとり方の違い」があることで起きるとお伝えしておきます。

あなたも世界から見て日本が大変ユニークな国であることは認識していると思います。そんな日本に魅力を感じた外国人観光客がうなぎ上りに増えています。

外国人から見ると、日本人はよく**polite**（礼儀正しい）とか**conservative**（伝統を重んじる、控えめな）と表現されます。逆に私たち日本人は外国人を **friendly**（フレンドリー）と表現しますよね。このことに違和感はないかもしれません。しかし、外国人からすれば私たちが普通にしていることが**polite**、**conservative**であり、私たち日本人からすれば、外国人のあの **friendly** さが普通ということです。

つまり外国人にとって、私たち日本人のコミュニケーションのとり方は普通ではありません。**「英語を話す」ときには「英語を話す人たち」のコミュニケーションスタイルになる必要があるんです。**

外国人と話すときに大切なことがふたつあります。

それは「笑顔で挨拶する」こと、「アイコンタクトを意識的にとる」ことです。あなたは「そんなこと普通にしているよ」と思ったかもしれませんが、日本人同士で、すれ違う他人の人と目が合ったときにニコッと笑いますか？　笑いませんよね。会話のときにいつもしっかりアイコンタクトをとっていますか？　思っているより気にしませんよね。

・笑顔で挨拶する

・アイコンタクトを意識的にとる

　これができるとだんだん緊張しなくなります。たしかに、練習が必要かもしれませんが、これからは、街中で外国人とすれ違いざまに目が合ったらニコッと笑顔で **Hi** と挨拶してみてください。

　私からひとつオススメがあります。

　アウトプットのトレーニングの一環として、インターネットを通じて地域の似た興味を持つ人へ告知を行って交流することができるプラットフォーム Meetup（https://www.meetup.com/）などに参加して、同じような興味を持っている人との交流してみてください。

　夜、飲みながらのイベントもあります。私はアルコールが入ることでリラックスし、いつもより饒舌に英語で話せる人を何人も見ています（アルコールの摂取で英会話力が上がるというリサーチもあるそうです）。楽しい時間と英語のアウトプットのトレーニングができるので一石二鳥です。

表 2-2 ｜ 地域で交流相手を見つけられるプラットフォーム「Meetup」

● **Meetup**
（https://www.meetup.com/）

オンラインで募集しているイベントに参加することができる。登録料は無料。さまざまなイベントが告知されており、英語のアウトプットのトレーニングをしたいのなら、英会話中心のイベントに参加するとよい。英会話希望者向けのイベントや、Language Exchange のイベントもあるので探してみよう。

しかも、さまざまな外国人と会話をすれば緊張しなくなるはずです。

　そして、「②相手にどう思われるか気になるから緊張してしまう」ですが、これもある意味で日本人的なメンタリティです。「間違っていたらどうしよう」「恥ずかしい思いをしたくない」といった、ネガティブな感情が日本人に無意識に備わっていると個人的には感じています。日本人の「正しい英語」に対する強いこだわりが緊張につながるのでしょう。文法が少々間違っていようが、前置詞が間違っていようが、相手は気にしません（英会話レッスンの講師は違うと思いますが）。

　まずは、話すことが大事だと肝に銘じてください。

　コミュニケーションスキルトレーナーのマリーナ・パスカルさんは、英語が母語でない人たちに対し、「英語力が高いにもかかわらず、緊張、間違いたくない、恥ずかしい思いをしたくないなどで英語での会話が成立しないのは大変もったいない。このような感情にとらわれるのは『自分』にフォーカスをしているから。英語でコミュニケーションをとるときにはコミュニケーションをとる相手にフォーカスして相手の望むものを提供することが重要」と、あるスピーチで語り、こう締めくくっています。

English today is not an art to be mastered.
今日の英語は極めなければいけないものではありません。
It's just a tool to use to get a result
欲しい答えを得るためのもの、
and that tool belongs to you.
そして、すでにあなたに備わっているツールなのです。

　笑顔で相手にフォーカスして、相手が聞きたい答えを伝えてあげてください。きっと相手の反応はとてもいいはずです。

コンフォートゾーンから1歩出よう

失敗をするほど、スピーキング力はアップする

　あなたは失敗することについてどう感じますか？

　仕事でミスをして周囲に迷惑をかけてしまった。彼氏と彼氏の友だちの前で盛大にこけてしまった。彼女にかっこよく食事をごちそうして支払いのとき、クレジットカードの有効期限が切れて使えなかった——あなたも1度や2度は顔から火が出るほど恥ずかしい思いや血の気が引いて心臓がバクバクするような状況になった経験をしたことがあるはずです。

　誰でも失敗することは嫌です。私もできるなら失敗はしたくありません。しかし、どんなに優秀な人でも、ケアレスミスや突発的な失敗は避けて通れません。コントロール不可能な失敗に関しては「神のみぞ知る」です。

　しかし「コントロールできる失敗」もあります。それは、失敗によってプラスになる失敗です。もしかしたら、頭の中が「？？？」となったかもしれませんね。

　「コントロールできる失敗」とは、失敗することでそのときは嫌な感じや恥ずかしい思いをするかもしれないけれども、その失敗による Outcome（結果）がプラスにしかならないものです。

　具体的にそれが何かというと、「ネイティブの外国人と英語でしっかりとコミュニケーションをとると決める」ことです。

　この Chapter を通してお伝えしていますが、多くの日本人は自分の英

語力に自信がない場合も、ある場合もネイティブの外国人を目の前にして、いざ英語で会話をしようとすると急に緊張してフリーズしたり、間違えると恥ずかしいと感じて躊躇して話さなかったりします。

そして、「英語が話せない」と言うのです。

これは間違いです。「話せない」のではなく、自分で「話さない」という選択をしているだけです。「失敗したくない」「恥ずかしい思いをしたくない」という理由で英語を話さなければ、話せるようになるわけがありません。

再度強調したいのは、ここでの失敗は「コントロールできる失敗」ということです。「コントロールできる失敗」を避けていては英語を話せるようにはなりません。

逆に言えば、**「コントロールできる失敗」を重ねるほど英語は話せるようになります。**何度も言うようですが、失敗をすれば誰でも「恥ずかしい」とか「嫌だ」という不快を感じます。この不快な感情、感覚はあなたにインパクトを与え、記憶に残りやすくしてくれます。

このときに思い出せなかった、言おうとして言えなかった英語のフレーズを再確認することで、その不快な感覚を感じた経験の力を借りて、その英語を身につけることができます。

つまり「コントロールできる失敗」を繰り返すほど、あなたのスピーキング力は上がっていきます。テストでは間違えれば減点ですが、「英語を話す」というスピーキングでは、失敗や間違いを繰り返すほど点数が上がっていくのです。

そして、Chapter 1 でも触れましたが、ネイティブですら完璧な英語を話していません。ほとんどの場合、私やあなたが少々の間違えた英語を話していても気にもしていないのです。

想像してみてください。外国人が一生懸命カタコトの日本語で話しかけてきたとき、あなたは「正しい日本語を話せ！」と思いますか？　一生懸

Chapter 2 英語を話すということは？（側注）

43

命日本語で話しかけてきているのを理解しようとしませんか？

「英語」は単なるコミュニケーションのためのツールですから、コミュニケーションをとろうとする姿勢が大切です。

**　さぁ、これからは「話さない」のではなく、上達という Outcome（結果）が必ず手に入ると約束されている「コントロールできる失敗」をどんどん繰り返しましょう。**

　ところで、私は３年半ほどアメリカへ留学していました。私が英語を話せるのは、アメリカでの生活があったことは事実です。しかし、決して「留学したから話せるようになった」わけではありません。事実、留学しても話せるようになっていない人たちを私はたくさん見てきました。

　留学しても話せない人を見ていると、いつも日本人同士で集まって、ずっと日本語で話していました。その人たちは、日本人にありがちな間違ってはいけないという意識が強く、失敗を恐れる気持ちが強かったのだと思います。

Move outside of your comfort zone. / Step outside your comfort zone.
快適ゾーンの外に出よう！

　あなたの殻を破って１歩踏み出せば、これまでとはまったく違う世界が見えるてくるはずです。

まずは幼稚園児でもわかる言葉で
短く話すのが上達のコツ！

「短い文で表現するのは幼稚だ」と考えるのは大きな間違い

「英語がいざというとき思い浮かばないんですよね」

　これは本当によく聞くフレーズです。Chapter 1 でもお伝えしたように「自分の表現したい日本語をすべて日本語で話すように英語で表現しようとしている」（直訳）こと、極端に言うと、長い文章で話そうとしていることが原因になっていることが少なくありません。

　学生時代に英語の授業で勉強、テストした「英作文」を考えてみるとわかりやすいと思います。具体的には、関係代名詞など駆使して英文を構築していく方法です。

　はっきり言います。

　学校の授業で勉強した「英作文」をやっているかぎりは、英語を話すスピーキング力を上げるための障害でしかありません。できるだけ早く英語を話せるようになりたいのなら、**自分の言いたいことすべてを1センテンスで表現しようとするのはいったんやめてください。**

　実は、英語を話すトレーニングを始めてばかりの多くの人は「主語」ですら飛ばして話し始めたりします。あなたも知識として英語には主語が必ずあり、動詞、時制が重要なことは理解していると思います。しかし、主語でさえ飛ばしてしまう。動詞が後回しになってしまう。そんな人が本当に多いんです。

しかも、たいていの人は「関係代名詞が苦手」「完了形がわからない」と言います。このような状態で学生時代の「英作文」を瞬時に頭の中で構築して発話することは不可能です。

　私は、あえて「関係代名詞は使わないでください」「なるべく知っている単語でシンプルに短い文で表現してください」とお願いしています。
　英語力が高い人たちは知識としては関係代名詞や完了形の時制、さまざまな難しい構文も頭に入っているので「短い文で表現するのは幼稚に感じられるので嫌だ」と感じるようです。これぞまさしく「知っているけど使えない状態」です。典型的な日本人といってもいいと思います。
「知っている」と「使える」は違うものです。この人のような**「短い文で表現するのは幼稚だ」という感覚は「短い文で話すと幼稚と思われ恥ずかしい」というメンタリティにつながっています。この Chapter では何度も出てきた「恥ずかしいからやりたくない」というメンタリティです。このままでは「話さない」という選択をしてしまうので、いつまで経っても英語は話せません。**

　では、少し違う視点からこの「短い、シンプルな文で話す」ことを見ていきます。
　短い文で話して自分の言いたいことを伝えるには、短くわかりやすい文をつくり、接続詞でつないでいく必要があります。どんどん情報を足していくイメージです。これは自分の言いたいことを長い文章で話せるようになるためのトレーニングにもなります。
　英文の構成は大まかにいえば、「主語＋動詞（時制）＋追加情報＋追加情報……」となっています。短い文でどんどん表現して自分の言いたいことを伝えるトレーニングをすることで、自然と頭の中で長文を構成するトレーニングができます。
「短い文で話す」＝「幼稚」というイメージを持つのは勝手ですが、目の前のネイティブとコミュニケーションをとらないといけないのに、長文で

自分の言いたいことを話さないといけないと気負って、「アー」とか「ウー」とかばかりで意思疎通できないのと、短文でもしっかりと明確に言いたいことを伝えてコミュニケーションがとれるのでは、どちらがいいですか？

　繰り返しになりますが、英語はコミュニケーションのためのツールです。コミュニケーションをとることが本来の目的です。よく、ビジネスではしっかりとした英語を使わないといけないといわれますが、コミュニケーションがとれなければ本末転倒です。

　まずは、自分の言いたいことがしっかりと伝えられる「基礎レベル」に到達することが重要です。そのためには**短いシンプルな文を積み重ねて自分の言いたいことを表現するトレーニングが重要です。**しっかり取り組んでいきましょう。

英語のニックネームをつけて、
ネイティブになりきろう!

世界の人が認識しやすいニックネームを持とう

私は高校時代に2度海外留学を経験しました。

1度目は高校1年生の夏休みに友人と一緒に3週間アメリカへ留学しました。留学といってもほぼほぼお遊びみたいなもので、楽しい時間を過ごしました。

2度目は高校2年生のときに3カ月ほどオーストラリアへ行って現地の高校にも通いました。オーストラリアは当時から移民政策が盛んで学校にはアジア系やインド系、アラブ系などの学生がたくさんいました。私にしてみてれば初めて出会う世界のダイバーシティ体験でした。

そんななかで友人も増えていったのですが、私にはひとつものすごく不思議に思うことがありました。

明らかに中国語やマレー語、タイ語が母語の友人には Jimmy や Racheal など、当時の私の感覚で言えば「外国人の名前」がついていたのです。母語の名前と英語名、ふたつの名前を持っていたんです。そのとき「なぜこの子たちはふたつの名前があるのに、日本人は日本名だけなんやろ?」と痛烈に感じたのを覚えています。私も英語名が欲しかったんですね。

今となっては、自分の Yuka という名前はどの国の人でも発音できるので、もうひとつ名前を持つ必要はないのですが、**あなたの名前が4音以上であれば世界のどんな人でも発音できる短いニックネームを持つことをオ**

ススメします。

　理由はふたつあります。ひとつめはこれからコミュニケーションをとるさまざまな人に名前を簡単に認識してもらう必要があるからです。「そんなに日本人以外のたくさんの人とコミュニケーションをとる機会はないよ……」と思うかもしれませんが、この本を読んで、トレーニングを実践して英語を話せるようになったあなたはきっと「もっと英語を話したい」と思うはずです。

　海外旅行に行って自分の英語を試したくなったり、海外に行かなくても外国人とコミュニケーションをとれる場所に行きたくなるでしょう。そうなると、今まで想像もしたことがないくらいの新しいたくさんの出会いが待っています。

　ちなみに海外のカフェで注文すると、あなたの名前を聞かれることがよくあります。そのとき、あなたの名前がゴリゴリの日本名だと店員さんは確実に100%困惑します。あなたも困惑するでしょう。

　そんなときのためにも**世界の人が簡単に認識できるニックネームを自分につけておいてください。**冗談ではありません。真剣です。

　そして、ふたつめの理由です。

　これも繰り返しになりますが、日本語と英語は、発音、強弱、リズム、ストレス……どれをとっても違います。

　私たちは日本人ですが、英語を話すときには英語の発音、強弱、リズム、ストレスで話さなければなりません。想像してください。英語での挨拶のテンションはどうですか？　「ハ〜イ！」と明るくテンション高く笑顔で挨拶しているのが想像できませんか？

　そうなんです。**私たちは日本人が英語を話すときにはある意味、別の人間になる必要があります。**Chapter 3 で具体的なトレーニングについてシェアしますが、いかに「英語を英語らしく発話できるか」ということがスピーキングの上達のカギです。ネイティブの話す英語と同じように発話

Chapter 2 英語を話すということは？

49

すると、おのずとあの外国人のテンションにならざるを得ません。

　まだ、あなたは信じられないと思いますが本当です。

　特にスピーキングのトレーニングを始めたばかりのときは、日本語と英語がまったく違うので、まったく違う口や舌の動き、のどの使い方をします。つまり、最初のころは使っていなかった筋肉、そして使っている筋肉を使わないトレーニングをしなければなりません。声の出し方、呼吸も違いますので、大袈裟にやらないといけません。

　ここで日本人マインドが頭をもたげて控えめにやっていると上達のスピードは一気に下がってしまいます。これを回避するためには、もう一人の新しいあなたになってもらう必要があります。そのためにもニックネームが必要なんです。

　今のあなたの名前を最大３音（できれば２音）まで短くしたものにするか、外国人の名前でニックネームをつけてください。

　そして、英語を話しているときは、そのニックネームのもう一人のあなたです。多くの日本人にとって、ネイティブのように発話することは「恥ずかしい」ので高いハードルなのは事実です。

　しかし、「恥ずかしい」を選んで「話さない」を選択すれば……。もうあなたは十分おわかりですよね。

　ぜひ、もう一人の自分になって楽しんでください。

Fake it until you make it. / Fake it 'til you make it.
うまくいくまでは、うまくいっているフリをする

　フリでいいんです。ネイティブが話すように振舞ってください。そうすれば必ず短期間で話せるようになります。

フレーズの丸暗記はムダが多い！

フレーズを丸暗記しても、なかなか会話では使えない

　英会話スクールに行ったりせず、独学で「英語を始めよう」と決意した人に、多い行動パターンがあるそうです。

　Aさんは、特に仕事で英語を使うわけではないですが、海外に憧れがあり、いつか英語ができるようになったら、海外で働いてみたいとずっと思っています。以前、英会話スクールにも通っていましたが、何となく足が遠のき、通うのをやめてしまいました。約1年半前の話です。

　最近、もう一度英語に挑戦して、「今度こそ英語が自在に使えるようになろう」と決心し、今度は独学で頑張ろうと決めました。

　1年半のブランクの間に単語力が落ちているのがわかっていたAさんは「やっぱり、単語力がないと！」と単語集から始めることにしました。ネット書店では情報がかぎられていてどの単語集にするか決めるのは難しいと感じたので、某大型書店で吟味して、ある単語集を購入しました。

　さっそく単語集に取り組むスケジュールを決め、取り組み始めました。それから約1週間。Aさんは、「英語を話せるようになりたいのに単語だけ覚えてもダメやん」と気づき、「そっか、きちんと英語を組み立てられるようにならなあかん」と考えました。

そして、また大型書店に行き、今度は人気の英文法の本を購入し、スケジュールを立て直して、英文法の勉強を始めました。

　また10日ほど経つと、「あれ？　文法は覚えてもしゃべれるようには……？　ならへんよな？」という考えが頭をよぎりました。

　再びAさんは大型書店に行きました。大型書店の英語本の棚にはさまざまな種類の英語本であふれています。棚には英語本の人気のランキングも掲示されていました。人気の英語本には「これだけでOK! 英会話フレーズ〇〇」とか「ネイティブ英語〇〇」など、いろいろなフレーズ集も並んでいました。それらのフレーズ集にはしっかりネイティブの音声が収録されたCDも付いています。

　Aさんは「これなら、会話の練習ができるしこれにしよう！」と1冊のフレーズ集を購入しました。

　再度、このフレーズ集に取り組むスケジュールを立てました。音声を聞いてフレーズとにらめっこしながら勉強しました。

　それから2週間たったころ、偶然、街中で外国人に声をかけられました。しかし外国人が何を言っているのかまったくわからず **Sorry, Sorry** と言って逃げてしまいました。

　Aさんは今まで毎日英語の勉強をしてきたのにまったく外国人と会話ができないことに愕然として完全にやる気を失ってしまいました。そして、英語の勉強もやめてしまいました。

　これがひとつのパターンです。そして、だいたい1年から1年半くらい経つとまた「英語をやろう熱」が再燃して同じようなパターンを繰り返すのです。

　さて、Aさんのお話に出てくる単語集や英文法に関してはChapter 1でシェアしましたが、ここではフレーズ集に対しての考え方についてシェアします。

世の中にはたくさんのフレーズ集があります。私は英語本コーナーに行くたびに、どの本が自分に合うのか探し出すのは至難の技だと感じます。

　あなたも、1冊、2冊、いやそれ以上の本を購入した経験があるかもしれませんね。

　私のフレーズ集に関する考え方はひとつです。

　そのフレーズ集に、あなたにとって必要なフレーズがあるなら、それだけに取り組んでください。よく「フレーズ集に載っているフレーズをすべて覚えてしまえば話せるようになる」という話を耳にしますが、私はそうは考えません。

　人によっては、記憶したフレーズをその場に合うように瞬時に変換させて発話できるかもしれませんが、多くの人は**丸暗記するだけでは実際には使えるようにはならないでしょう。**

　もちろん、決まったシチュエーションの基本のフレーズは覚えれば使えるでしょう。しかし、基本のフレーズはあくまでも基本のフレーズであって、コミュニケーションをとるには不十分なことは容易に予測がつきます。

　たとえば、アップルの創業者スティーブ・ジョブズの有名なスタンフォード大学でのスピーチや新型 iPhone 発表のプレゼンの内容を暗唱して覚えれば、リスニング力アップにつながります。しかし、これらのスピーチの文言やプレゼンの文言を丸暗記しても自分の話したいことを自在に話すスピーキング力アップにはつながりません。

　丸暗記は知識としてのインプットであって、それ以上でもそれ以下でもありません。英語を話すことはアウトプットであり、インプットしたものをアウトプットすることで身についていきます。

Chapter 3

さぁ、「英語」を話す
トレーニングを始めよう
【5 Steps】

毎日続けるのが難しい人に
英語攻略の秘策を授けます

わかっていても毎日続けるのは難しい……

英語を身につけるには、Chapter 1 でもお伝えしたように「毎日続けること」です。

ここで必ず出てくる問題があります。それは「時間確保」と「継続」が本当にできるのかということです。

まず、私たち大人は忙しく、仕事、家事、育児……1 日はあっという間に過ぎていきます。そんな忙しい私たちが毎日英語に取り組むのは至難の技と考える人も多いでしょう。

・毎日、やろうと思っているんですが、忙しくて時間がとれないんです。
・今度こそ必ず身につけようと決心したのに、やっぱり続かなくて……

こういうフレーズは本当によく耳にします。もしかしたらあなたにも経験があるかもしれません。

私の英会話コーチングに申し込んでくるのは、英語習得に真剣な人たちばかりです。申し込まれる時点では「今度こそ、最短最速で自分が望む英語力を身につけるぞ！」と高いモチベーションでのぞまれます。

私のサポートを受けるそんな受講生のみなさんたちでも、実際に「毎日時間を捻り出すのは難しい」と感じる人がいるのは事実です。

「Yukaさん。最初はうまくいっていたんですけど、最近、忙しくなっちゃってここ数日続けられてないんです。どうしたらいいですか？」

　大人は忙しく、しかも同じような毎日でも、さまざまな出来事、ハプニングがあり、毎日、英語に取り組むと決めても、思いどおりにできないときがあるのは当然です。

　では、もしあなたが英語が続けられない状況になったらどうしますか？

・英語の取り組みを続けられる方法を見つける
・英語の取り組みをやめてしまう

　最悪の選択は「英語の取り組みをやめてしまう」ことです。やめれば、英語は絶対に身につかないだけでなく、「またできなかった」、「自分には続ける能力がないんだ」と自分を責めることになるのでマイナスしかありません。このように自分の中でネガティブな会話するのは、英語にかかわらず、あなたのいろいろな可能性を潰すことにつながるので、絶対にやめてください。

　選択肢は「英語の取り組みを続けられる方法を見つける」だけしかありません。
　ここであなたは疑問を持つかもしれません。
「続かなくなりそうなのだから困っているんじゃないの！」
　そのとおりです。ここからは、日々、忙しい大人の私たちが英語に取り組むための「時間確保」と「継続する」をどう取り組んでいくのかについてシェアしていきます。

英語を続ける時間を確保するための2つのポイント

「時間確保」のポイントは、ふたつです。
　まずは、**スケジューリング**です。

あなたはスケジューリングしていますか？　もしかしたら、その日やることはなんとなく頭の中で考えてやっているかもしれませんね。私はスケジューリングしなければ、違うことで時間は埋まってしまうと考えます。

**　手帳でもいいですし、オンラインのツールを使ってもいいのでスケジューリングをしてください。**

　頭の中だけで考えると「まぁ、いつでもできるし……」となりがちです。「いつでもできる」は、言い換えれば「いつでもやらなくていい」ということになりかねません。いわば「やらないサイン」です。人間は弱いですから、頭の中だけで考えるだけでは「先延ばし」にしがちです。

　では、具体的にどうスケジューリングすればいいのでしょうか。

　まず自分の1日の時間の使い方を確認します。できるだけ細かく最低3日間は記録してください。そして、自分が何にどれくらいの時間を使っているのかを客観的に見てください。

　その時間の使い方に驚くと思います。重要ではないことに多くの時間を割いていることが明らかになるからです。これをすれば、自身の時間の使い方を再認識できるのでオススメですが「こんな面倒なことはできない」と思う人は飛ばしていただいてもかまいません。その場合は、次のステップからしっかり取り組んでください。

　次は、**あなたの1日のスケジュールを見て「絶対に空けられない時間」を見つけて埋めてください。**

　たとえば、仕事があります。食事、友人、同僚との飲み会、家族サービスなどのプライベートの時間もあるでしょう。そして睡眠（寝不足になればパフォーマンスが落ちるので十分な睡眠は重要です！）も必要不可欠です。これらの絶対に空けられない時間をまず埋め、それでも空いている時間に「英語に取り組む時間」を記入してください。

　ポイントは**具体的に「何を」「いつ」「どのようにやるか」を記入する**ことです。**同時に始まりと終わりの時間を明確にしてください。**

このときに過去のスケジュールを見て、または思い出して、「あっても なくてもよかったこと」「あのときじゃなくてもよかったこと」があれば、 それは重要ではないのでスケジュールから除いてください。

　そして、**スケジュールどおりにできたら塗りつぶすなどして、達成した ことがひと目でわかるようにします。**

　朝の歯磨きのようにルーティーンにできるとベストです。

　昔は私もスケジューリングやプランニングするときに、つい欲張って、 理想の数値や分量を設定して、常に修正していました。それが続くとさす がに気分が下がるので、今は完璧なスケジューリングやプランニングを目 指していません。

　手帳では完璧でも行動がともなわないと気分を下げてしまうので、あえ て**雑にスケジューリングするのがポイントです。**

　そして、スケジューリングの最大のコツは、**あらかじめ、1週間のうち 1日を「サボる日（チートディ）」として設定しておくことです。**

　チートディはダイエットの世界でよく使われている方法です。あらかじ めサボる日を決めておくことで、チートディまでがんばろうという気分に なりやすく、そして遅れた分があれば、チートディで取り戻せます。

　ふたつめは、「スキマ時間」の有効利用です。通勤時間はもちろん、ラ ンチタイムの10分やお風呂の時間など、あなたの日々のライフスタイル を眺めて「スキマ時間」をぜひ見つけて有効利用してください。

　私のお気に入りは、お風呂で映画やドラマを観ることです。最近は、防 水ケースに入れたiPadを防水スピーカーにBluetooth接続して観ていま す。次ページには、スキマ時間の教材として、私のオススメするサイトを 挙げておきます。

表 3-1 | スキマ時間の教材としてオススメのサイト 6 選

● **YouTube**
(https://www.youtube.com/)

お気に入りの YouTuber やネイティブが英語を教えている動画、映画の最新 Trailer などさまざまな動画がありますので、ぜひ活用してみてください。

● **TED**
(https://www.ted.com/)

世界各国の著名人、プレゼンター、パフォーマーのさまざまなプレゼンテーションを観られます。字幕とトランスクリプションもあるのでとても便利です。

● **ABC ニュースシャワー**
(http://www6.nhk.or.jp/kokusaihoudou/abcns/)

アメリカの ABC News の放送から1分程度のニュースを抜粋して構成。日本語解説が入っているので、まだ字幕だけではイマイチという方にもオススメ。

● **VOA News**
(https://www.voanews.com/)

レベル分けされているので初心者から上級者まで自分のレベルに合った動画を観ることができます。

● **CNN 10**
(https://edition.cnn.com/cnn10)

10 分でニュースをわかりやすく解説しています。日本語副音声ヴァージョンは NHK の CNN スチューデントニュースで確認することができます。

● **世界へ発信！ニュースで英語術**
(https://www.nhk.or.jp/snsenglish/news/)

5 分間の短いニュース素材を使って取り組みできるサイトです。ニュースなので時事ネタで使われる語彙も増やすことができます。

継続するためのモチベーションを維持する3つの方法

「継続する」を成功させるには、いろいろな要素がからんでいますが、最も重要なのは「モチベーション」です。「モチベーション」についてはさまざま研究がされていますし、たくさんの情報、書籍などがあるので、自分に合う方法を見つけるのがいいでしょうが、私は受講生にモチベーションを維持するために必ずお願いしていることがいくつかあります。

まず、「英語を自在に使えるようになっている自分」を想像してもらいます。これは**ビジュアライゼーション**という方法です。

ポイントは「ありありと」イメージすることです。理想の自分はどこにいて、誰といて、何をしているのか。何が見えるのか。温度はどうなのか。音は何が聞こえるのか。明るさはどうなのか。どんな匂いを感じるのか……。これらを「ありありと」イメージして感じてもらいます。

オススメの時間帯は朝ですが、最低1日1回取り組んでもらいます。きちんとできれば、毎回とてもいい気分になって英語の取り組みもすんなりと始めることができるはずです。

ビジュアライゼーションのほかにも、さらにモチベーションを落とさない工夫として次の質問に自問自答してもらいます。

「なぜ、あなたは英語を話せるようになりたいのですか?」

私たちは、取り組みを続けていくなかで「英語を今度こそ身につけよう!」と心に決めたそのきっかけ、理由を忘れてしまいがちです。その理由を思い出すことで常に下がろうとするモチベーションを支えられます。

もうひとつの方法は、**「今の状況から何が変わったらモチベーションが上がるのか自分に聞くこと」**です。今、できることであれば何でもかまいません。

スイーツを食べるでも、おしゃれなカフェでトレーニングをするでも、好きな海外ドラマを英語字幕で観るでも何でもOKです。自分の気分が上がることをやって、上手にモチベーションを維持してくださいね。

言い忘れていましたが、モチベーションは常に100%である必要はありません。たとえば50%になってしまっていたものが70%に上がれば、それは上手にマネージメントできています。

どうしてもやる気がでないときの対処法

どうしてもやる気がでないときの対処法もシェアしておきます。

まずは、**体を動かしてみてください。**

伸びをする、大きな声を出す、手を叩く、スクワットをする、大きな声で笑う、散歩に出てみる——何でもいいので、体を動かしてください。とっても良いのでオススメです。

もうひとつは、「**とりあえず始めてみる**」という方法です。

なにはともあれ取り組む教材を広げてみる。音を流してみる。5分だけタイマーをセットしてやってみる——。

映画やドラマ、スポーツ解説、YouTubeの動画を観るのも良い方法です。教材にある1センテンスに取り組むだけでも過去の英語力よりひとつレベルアップしたことになります。あれよ、あれよと進むことが多いので、騙されたと思って取り組んでみてください。

できれば、始めるまでのステップを最小限にすることです。つまり、何かテキストに取り組んでいるとしたら、次の日に取り組むところを開いておく、自分の生産性が上がる環境を整え、事前にセットしておくことが有効です。そこに座れば英語モードにスイッチが入り、スッと取り組みが始められるので、始めるまでのハードルを下げられます。

【STEP1】
教材を用意する

私が厳選したオススメ書籍4冊

　最初のトレーニングで音声に親しむことは必須ですので、まずは市販の音声教材付き書籍を使うことをオススメします。その後のレベルアップのためのトレーニングで、その他の使える市販の教材、無料の教材、そしてあなたのための「究極の教材」についてシェアします。

　トレーニングで利用する教材としてオススメなのが、次ページに挙げた4冊の書籍です。それぞれ特徴が違います。ぜひ、書店で手にとってあなたに合うものを使ってみてください。

　中学英文法に関しては山田暢彦さんがYouTubeで公開している『学研ひとつひとつわかりやすく。解説動画チャンネル』や『映像授業 Try IT（トライイット）チャンネル』など、無料の映像授業が公開されていますので、ぜひ活用してみてください。

レベルアップのための教材

　市販の教材を使ったトレーニングが終わったあとに継続してトレーニングを続けるための教材についてシェアします。

　今までは1センテンスのみ掲載されているものでしたが、ここからは2センテンス〜5センテンスくらいの文章や会話を使うことをオススメし

表 3-2 | 私が厳選したオススメ書籍 4 冊

● **どんどん話すための**
瞬間英作文トレーニング
・ベレ出版
・森沢洋介／著

中学の教科書で学んだ順番で記載され、文も「会話」というよりは「教科書的」な文で構成されている。文法の解説が少ないので、中学文法が不安な人は別に中学文法の本を用意することをオススメ。

● **CD-ROM付 究極の英会話 (上)(下)**
中学 1 ～ 2 年レベル英文法 100 パーセント攻略
・アルク
・アルク英語出版編集部／著

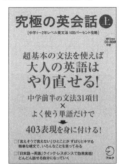

中学前半で習う文法と単語を使って 403 個の表現を習得し、習得した知識を話せるようにするためのトレーニングを解説。英語が苦手な人もすんなり学習に入っていける構成になっている。

● **毎日の英文法**
頭の中に「英語のパターン」をつくる
・朝日新聞出版
・James M. Vardaman ／著

文法の解説もあるが、「会話」ベースの表現を使った文が使われている。「どんどん話すための瞬間英作文トレーニング」と目的は同じだが、文の表現がまったく違うので見比べてみると面白い。

● **NOBU 式トレーニング**
コンプリートコース 話すための中学英語
・IBC パブリッシング
・山田暢彦／著

インプット＋アウトプットの構成になっていて、中学文法の解説もあり。掲載文は「どんどん話すための瞬間英作文トレーニング」のような教科書的なものではなくより「会話」に近いものが掲載されている。

ます。もちろん、音声があるものです。

読んで理解できるものを必ず使ってください。音読教材は市販のものがたくさんありますし、レベルが上がってくればオンラインの TED (https://www.ted.com/) などでネイティブのプレゼンテーションを使うこともできます。スティーブ・ジョブズやセレブなどの有名人のスピーチもとてもいい教材です。掲載されている会話、文章が理解できれば大丈夫です。ただし、**決して背伸びはしないでください。理解できないレベルのものを使用するのは NG です。**

▎自己紹介が「あなたのための究極の教材」になる！

「英語を身につけるための教材は人それぞれであっていい」というのが私の考え方です。しかも、得意なこと、不得意なこともそれぞれ人によって違うはずです。そして、「英語を身につける」といっても A さんと B さんでは、「理想」とするゴールが、まったく同じではないと思います。

　自分に合った教材を利用し、継続的にトレーニングに取り組むことが最短最速で英語回路をインストールするには有効です。そして、この「あなたのための教材」は、完全にあなたに必要かつ、あなたが興味を持てるものなので、市販のものよりも英語を話す能力を引き上げるための最高の教材になるのは間違いありません。市販の教材と違い「音声」は最初から用意されているわけではありませんが、安価でネイティブにナレーションをしてもらうことができます。その「音声」が用意できれば、Good to go!（準備完了）です。

　あなたは何が好きですか？　何に興味がありますか？　何が得意ですか？　何が苦手ですか？

　次では、市販の教材や世の中にある情報ではない、究極のあなたのためだけの教材の作成法についてシェアします。

　今はまだ英語を話せていない人が「英語を話す」ことを目標にしたとき、

ほとんどの場合は初対面の人と会話することを想定しているはずです。

　では、初対面の人と会話するときに私たちはまず何をしますか？

　そうです！　「自己紹介」です。

　今、「えっ？自己紹介ぐらいならできるよ」と思いましたよね？　もちろんできると思います。

「自己紹介」といえば、名前、住んでいるところ、職業、もう少し付け加えるなら趣味でしょうか。日本語で初対面の人と会って自己紹介をしたあと、何が起きますか。もちろん、そのまま会話を続けますよね。

「そりゃそうだ」という声が聞こえてきそうですが、そのまま続ける会話ってどんな会話ですか。おそらく、相手をさらに知るために相手について質問し、自分をもっと知ってもらうために、より具体的に自分がどんな人間かを伝えませんか？

　これを私は「会話のための自己紹介」と名付けています。

　ただ単に、名前、住んでいるところ、職業、趣味みたいな単純なものではありません。初対面の人とコミュニケーションをとるためには、相手に自分がどんな人間で何をしていて何に興味があって……と、自分のことを英語で表現する必要があります。

「会話のための自己紹介」には注意点があります。

「自己紹介」をするときには事実を伝えますよね。たとえば、職業です。あなたが IT 企業で SE をしているなら、次のように言うかもしれませんね。

I'm working as a SE at an IT company.
私は IT 会社でシステムエンジニアとして働いています。

　しかし、「会話のための自己紹介」ではこれではダメです。もっと具体的な説明が必要です。

　過去にどんなことに取り組んでどんな結果を得たのか。現在はどんなことに取り組んでいるのか。今後はどんなことに取り組みたいのかという流

\ 本気で話したい人！ /

もっと YUKA さんの英語を学びたい！
堅村友香

こんなお悩みを持っている方、いませんか？

- ☑ 英会話スクールに通っているけど
  なかなか英語が話せるようにならない
- ☑ 英語で日常会話ができるようになりたい
- ☑ 今の自分の学習方法で良いのか分からない
- ☑ 勉強している割には成果を感じられない
- ☑ ずっと、英語ができるようになりたい、と漠然と思っている
- ☑ 英語ができるようになりたいけど
  どんなことをしたらいいかわからない
- ☑ TOEIC の点数が伸び悩んでいる
- ☑ 専門分野の英会話を教えてくれるところがなくて困っている

予約の取れない
英語プロコーチ
堅村友香
さんの

メルマガ & LINE@
に登録しよう！
最大 **5大特典が**
もらえる！

詳しくは裏面をチェック！

れで表現するととてもいいと思います。

　このときに組み込んでほしいのは「感情」です。どう感じたのか。今後、自分が望むことが実現できたらどう感じるのかは、とても大事です。

　では、具体的に「会話のための自己紹介」を教材にする方法をシェアしていきます。まずは日本語であなた自身のことを箇条書きで書き出してください。基本情報のほかにぜひ以下の情報について平易な日本語で箇条書きしてください。

- 名前：ニックネーム、由来
- 住んでいるところ：地域情報
- 職業：なぜ今の仕事をしているのか、具体的に過去に取り組んだこと、現在取り組んでいること、これから取り組んでいくこと
- 趣味、好きなこと：きっかけ、楽しいところ、オススメできること
- 休日の過ごし方：誰と何をするのか
- 家族のこと：どんなキャラクターで、どんなふうに思っているのか
- 旅行：経験、今後行ってみたいところ、やってみたいこと
- 食べもの：好きな食べ物、苦手な食べ物、経験、理由
- これからやってみたいこと：将来の夢やゴール
- 子どものころや学生時代のこと：得意だったことや思い出
- 今までで一番嬉しかったこと：それを経験してどう感じたか、感想、気づいたこと
- 今までで一番悲しかったこと：それを経験してどう感じたか、感想、気づいたこと
- 映画・本・エンタメ
- よく話すトピック
- 日本について

　ここでのポイントは書き出したことに対して、あなたがどう感じた、ま

たは感じているのかも書き出してください。

　このときにノートの左側に日本語の箇条書きを書いてください。あまり詰めて書かないほうが、あとでいろいろと記入できますのでオススメです。

　書き出せたら、もし初対面の人があなたの書き出したことを言ってきたら、あなたはどんな質問をその人にするかを想像して質問を書き出してください。

　コツは、深く考えずに架空の人と会話しているようにイメージして「こう言われたらこんな質問をするな」という感覚で質問をつくって書き出してください。

　この「会話のための自己紹介」がちょっと簡単でさらに広げたい場合は、あなたが誰と何について話したいのかトピックを書き出し、そして具体的な会話をつくってみてください。この場合は、あなたが1人2役で会話をつくっていきます。

　ノートの書き方については、70ページを参考にしてください。

　たとえば、海外に行くと必ずといっていいほどこう聞かれます。

Where are you from? / Where are you visiting from?
どこから来たの？

　そして「日本から来た」と答えると、次のような話の流れになります。

Oh, wow! I've always wanted to go there!
お〜ワォ！　日本に行ってみたいと思っていたのよね！

　このあとに、あなたはどんな会話を続けますか？

Oh, Really?! Are you planning to go there?

本当に !? 　行く予定はあるの？

No··· I haven't decided yet. But I really love Japanese food.
まだ決めてないんだけど、本当に日本食が大好きなの。

What's your favorite?
何が一番好き？

Everything. One of my friends went to Japan.
なんでも美味しいよね。
And he said Okonomiyaki was so good.
日本に行った友達がお好み焼きが美味しいって言っていたんだけど。

Ah, Okonomiyaki. Yeah, it's good.
あ〜、お好み焼きね。美味しいよ。

　など、どんどん会話を展開してみてください。
　このように、あなたが会話したいトピックをつくっておくと、最高の教材になります。

わからない英単語があっても辞書を引かないのがコツ！

　次のステップはあなたが日本語で書き出した「会話のための自己紹介」やトピックの会話を簡単な英語に変えていきます。
「簡単な」があなたのための「究極の教材」になるかどうかの重要なポイントです。
　さて、あなたのつくった「会話のための自己紹介」を見てください。おそらく、日本語を見て英語の単語が思い浮かばないものがあると思います。
　さて、あなたはどうしますか？
「そりゃ、辞書を引くでしょ！」と反応すると思いますが、ちょっと待っ

表 3-3 自分のための究極の英語教材になる「自己紹介ノート」の書き方

① 「TOPIC」を書く

【趣味について】
What do you like to do in your free time?

②ポイントを書く

"What are you hobbies?" "Do you have any hobbies?"
hobby＝凝った趣味、スキルの必要な趣味

③言いたいこと、どう感じたのかなどを「日本語」で書く

音楽が好きです。

⑤想定される質問を書く

Q. どんな音楽が好きですか？ ←

⑥ ⑤の質問に対する日本語を書く

ポップが好きです。音楽を聴くのみ好きですが、 ←
歌うのも好きです。

**以下、同様に①〜⑦を繰り返すことで、
文章を肉付けしていこう！**

エド・シーラン、ゼッド、アリアナ・グランデが好きです。

Q. どの曲がお気に入りですか？

アリアナ・グランデとゼッドの Break free が
最近のお気に入りです。

I enjoy music.　❹左ページに書いた日本語を英語にする

❶〜❼を繰り返すことで、文章が肉付けさ
れ、会話が展開しやすい英文になる！

I like pop music. I enjoy listening to music.
And I also like singing.　❼❻の日本語の英文を書く

「I enjoy music.」では会話は続かないが、このような文章を続
ければ、相手も「カラオケは好き?」など次の会話が続けやすくなる！

I like Ed Sheeran, Zedd and Ariana Grande.

Q.Which music are your favorites?

One of my recent favorites is Ariana Grande and Zedd's
"Break Free".

てください (Chapter1 でも触れています)。

　たとえば、あなたの「会話のための自己紹介」のなかに「転職を考えて
いる」という文があったとします。この場合多くの人がまず、「転職」とい
う単語を辞書で引きます。するとたくさんの表現が出てきます。そして、
辞書の中のひとつの表現を選んで英文をつくります。もちろん、あなたの
選んだ表現があなたにとって言いやすく定着しやすいものであれば問題あ
りませんが、この「転職」という単語を辞書で引く必要があったのでしょ
うか?

　ここで、考えてみてください。

「『転職を考えている』という文章を幼稚園の子どもにわかるような日本
語にするとどうなるのか?」

「転職」では幼稚園児には理解できないかもしれませんが、「仕事を変える」
と表現すれば、理解できると思いませんか? 「仕事」と「変える」とい
う英語をあなたは知っているはずです。

I'm thinking about changing jobs.
転職を考えている。

　この文章で OK です。

　Chapter 1 でもお伝えしましたが、本書の目的は「英語回路」を手に入
れて英語で言いたいことを 80% 伝えられるようになることです。単語力
強化ではありません。ここでは辞書で引いた難しい単語は極力使わずに、
できるだけ今あなたが知っている単語、簡単で平易な表現で文をつくって
ください。

　繰り返しになりますが、コツは**幼稚園児に理解できるような簡単な英語
で表現すること**です。そして、**日本語で書いた 1 センテンスを同じように
英語でも 1 センテンスで表現しようとしない**でください。文は短く分ける
ことも大事なポイントです。そして、英文は日本文に対応するようにノー
トの右側に書いてください。

【STEP2】
「英語脳 2.0」をインストールする

英語を英語のまま考え、理解することが英会話上達に必須

あなたは「英語脳」って聞いたこと……ありますよね？

こんなことも聞いたことはないですか？

「英語を話せるようになりたいなら、英語のまま考え、理解しましょう」

ある程度話せる英語中上級者には理解できると思いますが、英語が話せなくて困っている人にとっては「それができないから困ってるんだ！」とツッコミが入るのは確実です。

しかし、この「英語脳」をつくる方法にコレ！という方法はありません。

なぜか？

「英語脳」をつくるには「この方法」「あの方法」とさまざまありますが、人によって合う、合わないがあるというのが私の意見です。

ただし、私も「英語を英語のまま考え、理解する」ことが英語でコミュニケーションをとるためには必要だと考えています。

では、「英語脳」になるにはどのようにしていけばいいのでしょうか？

「人による」と前置きさせていただいたうえで、英語脳へ変換する手順をお伝えします。

まず、日本語ネイティブとして生きてきている私たちの脳は間違いなく

日本語脳です。それを急に「英語脳」へチェンジしようとするから難しくなってしまうのです。

　そこで、私は日本語脳を「英語脳」に段階的に変えるためのステップを考えました。

　私はこれを「英語脳 2.0」と呼んでいます。

　ではさっそく、この「英語脳 2.0」とは具体的にどんなステップなのかをお伝えしていきます。

聞こえた順に日本語に変換する「英語脳 2.0」とは？

　私たち日本人には、英語に対するさまざまな障壁がありますが、大きなの壁のひとつは「語順」です。さらに、私たちは日常会話で主語を省くことが多いですが、英語は基本的に主語と動詞の順番で表現されます。

　例を見てみましょう。

He can buy anything he wants.
彼は欲しいものは何でも買えます。

Do you have a pen I can borrow?
私が借りられるペンを持っていますか？

　もう少し詳しく見てみましょう。

① **He can buy anything** ② **he wants.**
② **彼が欲しいものは** ① **彼は何でも買えます。**

① **Do you have a pen** ② **I can borrow?**
② **私が借りられる** ① **ペンを持っていますか？**

　こうなりますよね？

まだ英語が口から出てこない段階だと、頭の中できれいな日本語に変換しようとします。

　これがダメなんです。

　この方法を続けていると聞こえたところを忘れてしまったり、頭の中が「えっ？」と混乱してしまいます。特に、ネイティブの会話は日本人とは違い、どんどん情報を足しながら話すので、すぐについていけなくなり、置いてけぼりになります。

　ちなみに、ネイティブは何かひとつ質問されると、自分の答えを言ったあと、そのままそれに関する自分の考え方や理由を話し出します。日本人の会話が相手からの質問に答えながら話を進めていくのとはまったく違うので、いつまでも頭の中で混乱するような英語のとらえ方をしていては、英語を話せるようにもならず、聞いても理解できません。英語を読むことにも害が出ます。

　それでは、「英語脳2.0」の具体的なインストール方法の説明に入っていきます。

　まず、最初にしなければいけないことは、「聞こえた英語を順番に日本語にする」ことです。つまり、英語の語順で前から理解していきます。

① **He can buy anything** ② **he wants.**
①彼は何でも買えます。② 彼が欲しいものは

① **Do you have** ② **a pen** ③ **I can borrow?**
①持っていますか？② ペンを ③ 私が借りられる

　日本語としてはヘンな感じですが、何が言いたいのかはわかりますよね。ネイティブの外国人が一生懸命カタコトの「てにをは」がヘンな日本語で話していても、その人が何を言いたいのかもわかりませんか？

私たちにとっては違和感のある変な日本語でいいので、聞こえた、読んだところから日本語に変えていってください。最初は、声に出して取り組むことをおススメします。

スラッシュ・リーディングで「英語脳 2.0」を鍛える

　そして、これを簡単に可能にするトレーニングの第一歩が「**スラッシュ・リーディング**」という方法です。「スラッシュ・リーディング」とは、英文のかたまりごとにスラッシュを入れて前から順番に読んでいく方法です（インターネットや専門書もありますので、詳しく知りたい方はぜひ、そちらを参考にしてください）。

　スティーヴ・ジョブズの有名なスタンフォード大学の卒業式の祝辞の冒頭部分で試してみましょう。

Thank you.　I am honored / to be with you today / for your commencement / from one of the finest university / in the world.
ありがとう。私は光栄です / 今日あなたたちとともにいれること / 卒業式典のため / 最高峰の大学の一つの / 世界で

Truth to be told, / I never graduated / from collage.
正直に言うと / 私は卒業したことがない / 大学から

This is the closest / I've ever gotten / to a collage graduation.
これは最も近い / 私がこれまでで / 大学卒業式に

Today / I want to tell you three stories / from my life.
今日 / 私は３つのお話をあなたにお話しします / 私の人生から

That's it. / No big deal. /Just three stories.
それだけです / たいしたことではありません / たった３つのお話です

　このように英語の順番で理解できるようになると、一気に英語力が上が

りします。リスニングであればネイティブが話しているのと同時に理解でき
ますし、リーディングでも読んだ語順のまま理解できるようになります。

　そして、肝心のスピーキングです。
　英語を話そうとすると、まず英語にするべき日本語が浮かんでくるはず
です。そのときに日本語をどのように英語の語順に変換すればいいので
しょうか。
　では、次の日本語をどう英語の語順に変えるかを考えてみましょう。

彼は欲しいものは何でも買えます。

　英語では、原則的に主語＋動詞が最初にきます。主語は「彼」、動詞は「買
えます」ですから、「彼は買えます」が最初にきます。「買う」のは「何で
も」（目的語）ですから、次に「何でも」がきます。そして、どのような
「何でも」かというと、「欲しいもの」です。それが最後にくるので、次の
ように日本語を並び替えることができます。

彼は買えます / 何でも / （彼の）欲しいものは
He can buy anything he wants.

　では、もうひとつ違う日本文で同じで見てみましょう。

私が借りられるペンを持っていますか？

（あなたは）持っていますか？ / ペンを / 私が借りられる
Do you have / a pen / I can borrow?

　日本語を英語の語順で出す。それをそのまま英語にしていけば……あら、
話せちゃったというわけです。こう考えていけば、何かを話すときに言葉

の並べ替えが自然とできるようになります。

　これができれば、主語を飛ばしたり、動詞が目的語のうしろにきたり、変な時制を使うこともなくなり、英語の最大の壁である「語順」で惑わされることはなくなります。

　これまででようやく 2/3 です。「英語脳 2.0」のインストールはまだ完了していません。

　Chapter 1 と Chapter 2 でもお伝えしていることですが、本格的なトレーニングに入る前に再度確認しておきます。

　まず、言いたいことが日本語で頭に浮かびます。その時点でその日本語を点検する必要があります。英語が口からスラスラ出てこないレベルであればなおのこと、あなたの言いたいその日本語は英語にはできません。頭が混乱してしまうだけです。

　では、どうすればいいのか？

　重要なポイントはふたつです（何度かで出てきていますね）。

①その日本語を幼稚園児にもわかるレベルの簡単で平易な日本語に変換する。熟語を英語に直訳しようとせずに日本語で説明する。（○○は、○○です。/ 誰が何をどうする）
②とにかく、短い英文で表現して、接続後（and, so, but, because など）で追加説明をしていく。

　このポイントを押さえておかないと、いくら「英語脳 2.0」をインストールしてもなかなか話せるようにはなりません。あくまでも「自分の言いたいことが 80% 言える」までは、これをしっかり守ってください。

英語は「2 パターン＋α」で、すべて解決できる

　それでは、インストールの最後の仕上げに入っていきましょう。

　あなたはもうご存知かもしれませんが、ざっくり言うと英語のパターン

はふたつとプラスαになり、次のように単純化できます。

① A は B です………A is B
② A は B をします……A does B
プラスα：「〜と」「〜に」「〜で」など

　たとえば、①のパターンであれば
「由紀子さぁ、フランスに１週間いるんだって」
　　　　　　　↓
「由紀子は１週間フランスにいます。」
　　　　　　　↓
「由紀子はいます / フランスに / １週間」
　　　　　　　↓
Yukiko is in France for a week.

②のパターンの場合は以下のようになります。
「昨日はね、健二と映画観に行ったよ」
　　　　　　　↓
「私は昨日健二と映画を観にいきました。」
　　　　　　　↓
「私は行った / 映画に / 健二と / 昨日」
　　　　　　　↓
I went to the movies with Kenji yesterday.

　最初の日本語を簡単な幼稚園児にも通じる日本語にして、それを英語の語順に変換して、英語にするというプロセスです。
　英語の語順にするときに「結論から考える」と迷うことがなくなります。
　プラスαの情報の順番について、どれが先にくるのが正しいのかを気にする必要はありません。書き言葉であれば書き手の意図が色濃く出る部分

ですが、会話ではネイティブも思いつきで話しています。強いていえば、強調したいものを先に話す傾向があります。

　これで「英語脳2.0」のインストールは完了です。しかし、すぐにうまく動くようにはならないのでトレーニングは必要です。次項で説明するトレーニングをする際には「英語脳2.0」をフル稼働させてください。「これなら話せる！」が感じられますよ。

【STEP3】
「英語脳 2.0」を鍛えるトレーニング

「英語脳 2.0」をトレーニングする 5 つの方法

トレーニング法はシンプルです。**「日本語の文を見て、それを英語で発話する」**だけです。

日本文を見て何をどう言っていいのかわからないときには、まずはしっかりインストールされた「英語脳 2.0」を使いながら行ってください。**【シンプルな日本語に変換→英語の語順に日本語を並べ替えてみる（主語は？動詞は？）→英語をはめていく】**です。トレーニングのゴールは日本語を見て 2 秒以内に英語が口から出せるようになることです。

さぁ、具体的なトレーニングの手順を見ていきましょう。

#1 確認

教材の日本語を見て、英語にできなければ、すぐに日本語を見てください。意味が理解できるか確認してください。この時点で意味がわからない、理解できない部分は辞書や文法書を見て確認してください。そして日本語の内容をイメージしながら音読してください。

#2 すぐに英文が出てこなくても OK!

音読のあとは、日本文を見て英語で表現します。

日本文を見て、英語が口から出てこなければすぐに英文を確認してください。そして、しっかり「英語脳 2.0」を使ってください。

この段階で誰もが突き当たる最初の壁があります。それは、「知っているはずの英語が口から出てこない」です。

「できない」ことにフォーカスしてしまうかもしれませんが、焦らないでください。あなたはもうすでに「英語脳 2.0」を手に入れています。どう変換すれば、無理なく英語が口から出るのか理解できています。あとは、取り組むだけです。

新しい取り組みを始めたばかりで、知っている英語でもすぐに口から出てこないのは普通です。私の受講生さんたちも最初は「出ない、出ない」と言っています。あなただけではありません。続けてると出てくるようになることは、私の受講生さんたちが証明してくれています。

だからこそ思い出してほしいことがあります。

ほとんどの人は自転車に乗れると思います。自転車を跨いで、さぁ漕ぎ出そうという瞬間を思い出してくだい。あなたの足は自転車を走らせているときより、力を込めてペダルを踏み込んでいませんか？

なにごとも最初は踏ん張りが必要です。でも、いったん車輪が回り始めれば、軽くペダルを踏むだけでも流れに任せていれば進んでいきます。

このトレーニングも同じです。1歩目はきついかもしれませんが、漕ぎ出せば、すぐにそのペダルは軽くなってきます。

#3 英文を確認して答え合わせ

日本文を見て英語が出てこないときには、すぐに英語文を確認してください。そのときに「あぁ、こう言うのだった」と感じると思います。その「あぁ、こうね」という感覚を大事にしてください。「あぁ〜、また出てこなかった」ではなく、「あぁ、なるほどね」という感覚を持って、それを大事にしてください。

そして、どんなに「簡単」と感じる英文でも日本文を見て、英文を発したら教材の英文で答え合わせをしてください。もちろん、違う文や違う表現を使った場合もあるかもしれません。これはテストではありませんし、

英語にもさまざまな表現があります。あくまでも自分の言った英語が正しいかをチェックしてください。

　この作業を積むことで「ただ知っている英語」から「実際に使える英語」になっていきます。

#4 音を確認して音読をする

　音声を聞いてください。もしかしたらかなり理解できるかもしれませんし、聞いている音と理解がまったくつながらないかもしれません。

　でも、大丈夫です。英文の意味は理解しているはずですので、この段階では「音」に集中してください。

・どこで音が切れているのか（リズム）
・シラブル（音節）はどうなっているのか
・どんな抑揚なのか（リズム）
・どこがハッキリ聞こえてどこが聞こえないのか（抑揚、イントネーション）
・音だけをまねするとどんな感じなのか
・聞こえた英文の場面をイメージする

　たくさんやることがあると感じるかもしれませんが、集中して聞くと、すぐにできるようになるので、心配せずにまずは取り組んでください。

　音読は必ず声に出す。そして、その音、音節、抑揚、イントネーションなどをマネ。誰かの前でする必要はないので、英語ネイティブになったつもりで取り組んでください。部屋であれば歩き回ったり、外ではブツブツ言いながら歩くのも良い方法です。

　音読に関しては、自分が発している英文の理解をしていることと、英語のリズム、音節、イントネーションなどをきちんとマネることでしか成果は出ません。時間の無駄をしないためにも、しっかり「理解」と「マネる」ことを徹底してください。

もし、あなたが超初心者、つまり中学1年生の英語も怪しいという場合は、「只管筆写」もオススメです。「同時通訳の神様」といわれる國弘正雄先生が提唱されている方法で、ベストセラー『英会話・ぜったい音読』でも紹介されています。英文を実際に手を動かして書くことで、口、耳、脳だけではなく、身体全体で英語を血肉化できるので、とても効果的だと推奨されています。間違っても理解していない英文を何度も殴り書くようなものではありませんので誤解しないようにお願いしますね。

#5 そらんじる

　自分の言った正しい英文から目を離してそらんじてみてください。そのときには必ず英文のイメージをしながら行ってください。

　たとえば、「マリさんとランチに行くつもりなんだけど」という日本文があれば、

I'm going to have lunch with Mari.

　という英文を思い浮かべた場合、かわいい、キレイなマリさんと良い雰囲気で楽しく美味しいランチをとっているシーンを想像してください。

　そして、**I'm going to have lunch with Mari. I'm going to have lunch with Mari. I'm going to have lunch with Mari**……と文を見ずにそらんじてみてください。

　このトレーニングをすることで、日本文の内容を入れ替えても英文が口から出てきやすくなります。日本文を見て2秒以内に英語が口から出てくれば、シメたものです。

「英語脳2.0」をさらにレベルアップさせるトレーニング

　ここではさらに定着度を上げ、レベルを上げていくためのトレーニング

法を紹介します。しかし、いくつもあるトレーニング法に目を奪われてしまうのはもったいないので、ここで一度整理しておきます。

　注意点がひとつ。今回この本でシェアしている内容は「英語を話す」ことです。「英語を聞き取る力」、つまりリスニングについてはあえて言及していません。しかし、当然ですが英語能力は、密接につながっている4技能（話す、聞く、読む、書く）で成立します。

　これからシェアするトレーニング法も音読を含めリスニング力を高めるためには非常に有効なトレーニング法です。あなたに必要なトレーニング法がわかれば、回り道することなく当然その能力を最短で上げられるので、ぜひ参考にしてください。

● ディクテーション

　音声を聞いて、聞き取れたものを書いていく方法です。手で書き取っていくので、何を書いているのかわかりにくくなっても大丈夫です。そして、全部聞き取れるまで完璧にするトレーニングではありません。このディクテーションによってわかることは「何が聞き取れていないか？」です。知らない単語なのか？　英語特有のつながった音や違う音になっている箇所なのか？　音が発音されていないことを知らないために、理解できなかったからなのか？

　そして、スクリプトを見て答え合わせをすると、自分の理解とスクリプトの英文の違いが判明します。「見ながら聞くと、たしかにそう聞こえるな」という部分と「見ながら聞いてもそうは聞こえない」部分があると思います。「見ながら聞いてもそうは聞こえない」が、あなたがリスニングでトレーニングしていくポイントになります。

● オーバーラッピング

　英語の音をしっかりつかみ取るためのトレーニングです。

　スクリプトや教材を見ながら音声を流し、英語をその音声に重ねる感じ

で発話してください。ポイントは流れてくる音声の発音、アクセント、音節、イントネーション、リズム、スピードなどをできるだけマネして、ぴったり合うように英語を口から出すことです。

　音読がうまくいかない人がオーバーラッピングに繰り返し取り組むと大きな効果が出る可能性があります。

●シャドーイング

　スピーキング力アップにもリスニング力アップにも最適なトレーニング方法です。

　方法自体はシンプルです。スクリプトや教材を見ずに、流れてくる音声を聞いて、そのあと一拍遅れて発話していきます。ポイントは、オーバーラッピングと同じで、流れてくる音声の発音、アクセント、音節、イントネーション、リズム、スピードなどできるだけマネることが重要です。

　シャドーイングを1回目から上手にできる人はほとんどいないと思います。とにかくチャレンジしてみてください。回数を重ねるごとにだんだん追いかけることができる部分が増えていきます。そして、同時にあなたの苦手な箇所もわかってきますので、苦手部分の克服にも役立ちます。

　さて、あなたは「何だか難しそうだな」「面倒くさそうだな」と感じてしまったかもしれませんが、これらのトレーニング法はとても効果的な方法です。取り組めば取り組むほど英語力が身につくのは間違いありません。

　実は、シェアさせていただいた方法のほかにも、ハミング、マンブリング、プロソディー・シャドーイング、リピーティング……など、さまざまなトレーニング法があります。これらは同時通訳者の訓練法からきています。もし、ご興味があれば書店で同時通訳者のトレーニング関係の本を手に取ってみてください。

┃ さらなるレベルアップには「スピーキング力スーパーアップ法」

　これまでに紹介したトレーニングに慣れてきたら、これから説明する「ス

ピーキング力スーパーアップ法」を日常生活に組み込んでみてください。
予想以上に効果があります。

● 実況中継

これは「目にするものを英語で実況中継する」方法です。

「え〜、何それ？」と思われたかもしれませんが、スピーキング力アップ
にとても効果的です。

通勤中に目にするものや、ふとしたときに頭に浮かぶことなど、何でも
いいので英語に変換していきます。このときにブツブツ独り言のように言
うのも GOOD です。

この方法の良いところは、自分が言いたいことをどう英語で表現してい
いのかわからないときに、すぐ調べることで「なるほど！」と納得できる
ところにあります。

この「なるほど〜」という感覚は侮れません。一度調べたことは、すぐ
に忘れてしまうかもしれませんが、あなたは必ず同じことを英語にしたく
なる場面に遭遇するはずです。

そして、再び調べるでしょう。すると、また「なるほど〜」と感じ、以
前に「なるほど〜」と感じたことを思い出します。この繰り返しによって、
調べた表現は確実に身についていきます。

それを発話するわけですから、単に「覚える」「知ってる」英語とは大
きな差が生まれます。

● 空想会話

「空想会話」も非常にパワフルな方法で、私は今でも実践しています。通
勤中のぼーっとしているときでも、お手洗いでも、散歩中でも、お風呂で
もいいので、一人で英語の寸劇をするのです。

たとえば、初対面の人と会って自己紹介をする会話を1人2役でやり
ます。

ほかにも、もし憧れのハリウッドスターやスポーツ選手に会ったときの

会話を想像でつくって実際にやってみたりします。何だか楽しくないですか？　ちなみに、私は、お風呂場でジェスチャーも交えて、声を出しながらやっています。

　ここでも「これってどう言えばいいのかな？」と言いたい英語が出てこない場面に遭遇します。そうなると、しめたものです。実況中継ではなくなってしまいますが、すぐに調べます。

　ここで出会った表現は、あなたの思考パターンに沿った表現です。あなたは必ずまた同じ表現を使うので、ここで調べて「ふ〜ん。こう言うんだ」と納得した表現は、最初は忘れてしまっても必ず身につきます。

　興味のある人との空想会話をやってみてください。楽しく英語が身につけられるので一石二鳥です。

【STEP4】
苦手意識は捨てましょう

日本語とは異なる「英語のリズム」に慣れよう！

　日本語とはまったく異なる英語を身につけようとしている、その努力や時間を無駄にしないために、多くの人が「苦手」と無意識に感じていることについてシェアしていこうと思います。

　英語は日本語と違うリズムを持っています。

　日本語は均一なリズムで話されますが、英語は不規則なリズムです。英語がJazzやロックなら、日本語は均一な和太鼓のような感じでしょうか。そんな日本語が染み付いている私たち日本人は、英語を話すときには身体の「リズム」を変える必要があります。ここからはトレーニングに注意が必要な「音」と「リズム」「発音」に関してシェアします。

「発音が悪いので通じないんです」

　私が何度となく聞いてきた言葉です。しかし、発音が悪いから通じないのではありません。英語を英語で話していないから通じないんです。

　もちろん発音は気にしなくていいわけではありませんが、あなたが発音できない音は脳が認識できません。つまり、リスニング力を上げるにはネイティブの話す英語の音が出せるようになる必要があります。

　これができればリスニング力はぐんと上がりますし、スピーキング力も

上がります。発音はしっかりと取り組まないといけません。

　ただし、誤解してほしくないのは、ここでいう「発音」は「R」や「L」、「TH」の音をうまく出すことだけではありません。英語が持つ独特の「発声」「音節」「抑揚」「リズム」「ストレス」「イントネーション」なども含めて取り組むことが必要です。

　スピーキング力のアップために音読するときは、**ネイティブが話しているように読むことが大切です。**

　英語にはつながったり、短縮されて違う音になったり、実際には発音されない欠落した音などがあります。この本ではリスニングに関してできるようになる方法はお伝えしませんが、これらの英語の音のルールを知ってリスニングができるようになるトレーニングをすれば誰でも英語は聞けるようになります。これらの英語の音のルールを知らずに英文を見て音を聞いても理解ができないので、自分は聞けていないと思い込んでしまっているだけなんです。

　ここでのポイントは、英語は日本語読みではなく、英語で読んでください。そのためのポイントは「発声」「音節」「抑揚」「リズム」「ストレス」「イントネーション」そして、つながっている音、読んでいるのと違う音、実際に発音されてない音などに注意することです。

　もしかしたら、学校の授業で英語を英語らしく発音したりする子がいたら、みんなからからかわれた——こんな光景を目にしたことはありませんか？　そこで多くの人は「英語っぽく発音したらからかわれる」「冷やかされる」と洗脳されてしまいました。もちろん、もう大人ですから「からかわれるかもしれないから英語は日本語発音でしよう」と考えている人はいないと思いますが、過去のそういう経験から英語を英語らしく発音することに抵抗感がある人もいるようです。

　でも、考えてみてください。英語はコミュニケーションツールです。スムーズで快適なコミュニケーションがとれるなら英語は英語らしく話したほうがよくないですか？　まずは、英語の持つ音に慣れて、しっかりと発

音できるようになっていきましょう。

自分の発音を録音して確認してみる

あなたは自分の声を録音したことはありますか？

多くの人が初めて自分の声を録音して聞くと驚きます。私も初めてやったときは驚きました。私たちの話している声は、自分が聴いている声とは違うんです。

なぜ、この前置きをお伝えしたかというと、これからあなたが英語のトレーニングをしているときの音声をぜひ、録音して確認してもらいたいからです。毎日、録音して確認する必要はありませんが、ぜひ、音読、オーバーラッピング、シャドーイングに取り組む際には録音して自分の英語を確認してください。きちんと発話できていると思っているところができていなかったり、「できないな」「難しいな」と感じていたところが案外うまくできていたりします。

今、スマホのアプリは本当にたくさんの便利なものがあります。声の録音ができて評価してくれるものもあるので、上手に活用してくださいね。

【STEP5】
仕上げは「アウトプット重視」

話せば話すほど、スピーキング力はアップする

　ここでは「アウトプットのトレーニング」の際に気をつけないといけないポイントをシェアしていきます。ここでの「アウトプット」とは、実際に「英語で会話する」ことを意味します。

　あなたもご存知のように、安価なオンラインの英会話レッスンや英会話カフェ、Meetupなど、アウトプットすることをトレーニングできる環境には、さまざまな選択肢があります。

　それでは、それぞれについて見ていきましょう。

● オンライン英会話

　オンライン英会話サービスを選ぶポイントは2つあります。「非ネイティブ講師かネイティブ講師か」「教師の資格があるかないか」です。

　私が**オススメするのはネイティブ講師です。**なぜなら、ネイティブの発音にたくさん触れてほしいからです。すでに触れているように、英語を話す大多数は非ネイティブですが、まずはネイティブとコミュニケーションがとれるようになってから非ネイティブの英語に慣れていくほうがいいと考えています。

　もしあなたが英語自体や文法的なこともしっかりと習いたいと考えてい

るなら、教師の資格を持っている人のレッスンを受けるといいと思います。会話を重視したいのなら、教師の資格の有無は関係ないので、趣味やバックグラウンドが合うような講師を選ぶといいでしょう。

オンラインレッスンを受講するときの最重要ポイントは「講師任せのレッスンには絶対にしないこと」です。通常の英会話レッスンでも同じですが、こちらが受け身になったレッスンでは何も身につきません。こちらが主導権を握るレッスンにする必要があります。主導権を握るレッスンとは、こちらがレッスンの内容を提案して行うレッスンです。

特に教師の資格を持った講師は、講師が普段、会話で話すスピードではレッスンせず、こちらが理解できるスピードで話してくれます。しかし、それは、これから私たちが英語でコミュニケーションをとりたい人たちの話すスピードではありません。これでは時間もお金も無駄になります。

レッスン前に講師に普段どおりの速さで話してほしい旨を伝え、加えて、あなたが会話したい内容でレッスンをお願いする必要があります。たとえば「究極の教材」などを使ってレッスンをしていきます。もちろん、レッスン中にわからなかった表現などはチャットやメモにしてもらい、必ずレッスン後に5分でも10分でもいいので復習します。

これらをやってはじめてオンラインレッスンがあなたのアウトプットのトレーニングの場として有効活用できます。

●英会話カフェ

初心者に人気ですが、この本のトレーニングしたことのアウトプットの場として有効かというと、**あまりオススメはできません。**

理由は、数人と外国人スタッフで会話をするスタイルではこちらのコントロールが効かず、トレーニングというより、ただ雑談するのにお金を払うイメージだからです。参加経験がある人からよく聞くのは、初心者同士の会話で「この英語で合ってるんですかね？」とお互い日本語で確認し合う状態で、英会話のレッスンという感じではないという話です。

友だちと楽しむことが目的であればいいですが、アウトプットのトレーニングの場としてはオンラインレッスンのほうが向いています。

● Meetup

Meetup ではさまざまなパーティーや交流会が企画、開催されています。興味のあるものに参加してみるといいと思います。講師と受講者という関係ではないので、より自然な形で会話のトレーニングができるかもしれません。

ぜひ、検索して気に入ったものに参加してみてください。なかには「日本語を身につけたい」という外国人もいます。友だちになれば気軽に会話できるのでとってもいいですよね。

● ボランティアでガイドをする

もし、あなたの街にもたくさんの外国人観光客が来ているならボランティアでガイドをするのも良い方法です。なんといっても相手は外国人で「日本のこと知りたい！」「日本を体験したい！」とお金と時間を使ってはるばるやって来ている人たちです。あなたから話しかけなくてもいろいろな質問が飛んでくるのは間違いありませんし、ボランティアでやってくれているとわかっているので、英語が上手でなくてもコミュニケーションをとろうとしてくれるはずです。

あなたにとっても、外国人観光客にとっても良い方法なので、機会があればぜひトライください。もちろん、ボランティアでなくても、困っていそうな外国人がいたら声をかけて話すのもとってもいいですよね。

ちなみに、私のレッスンでアウトプットのトレーニングの段階に入るとネイティブを交え、受講生と私の３人でレッスンを進めていきます。この方法の良いところは、私という第三者が入ることで、ネイティブ講師とマンツーマンで行うレッスンよりもはるかに理解度、習熟度が高まる点です。受講生のウィークポイントは補強し、ストロングポイントを伸ばすこ

とができます。何よりとても楽しいレッスンです。楽しくて、英語もググッと improve（改善）できるのって嬉しいですよね。受講生の評判も高いレッスンです。

　もし、あなたの周囲にネイティブがいればもちろん積極的に会話することで自然とスピーキング力はアップするので、どんどん会話してください。
　しかし、周囲にネイティブの友人や知り合いがいない人のほうが多いはずです。だからといって、カフェやバーで気軽に「英語を教えて」と声をかけるのはやめましょう。外国人の友人によると、それはあまり気分がいいものではないそうです。

Chapter 4

英語でとぎれずに会話するためには？

ローコンテクストの「英語」と
ハイコンテクストの「日本語」の違い

ローコンテクストの「英語」とハイコンテクストの「日本語」

　エリン・メイヤーさんは著書『The Culture Map：異文化理解力―相手と自分の真意がわかるビジネスパーソン必須の教養』の中で、各国のコミュニケーションがローコンテクストなのか、ハイコンテクストかを示しています。図4-1では、日本が最もハイコンテクストで、アメリカが最もローコンテクストに位置しています。これをエリン・メイヤーさんは次のように説明しています。

　指標の両端の国であるアメリカと日本の歴史を考えてみてほしい。

　ハイコンテクストな文化圏は長いあいだ共有してきた歴史を持っていることが多い。それらの文化圏は主に関係性を重視した社会であり、人とのつながりというネットワークが代々受け継がれていくなかで、コミュニティのメンバー間にコンテクストがどんどん共有されていく。日本は単一民族の島国社会で数千年におよぶ歴史を共有しており、その歴史の大部分は他の国から閉ざされた状態だった。数千年をかけて、人々は互いのメッセージを汲み取る能力に長けるようになったのである。空気を読むようになったのだ。

　対照的に、共有する歴史が数百年しかないアメリカは、世界各国からの移民で成り立っており、それぞれが別々の歴史、別々の言葉、別々のバックグラウンドを持っている。共通のコンテクストをほとんど持っていないため、アメリカの人々はメッセージを伝えたいと思ったら曖昧さや誤解が生じる余地をなく

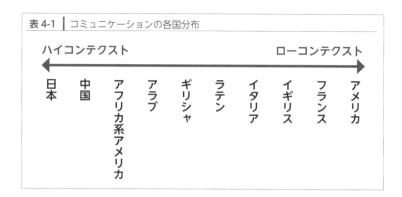

表4-1 | コミュニケーションの各国分布

ハイコンテクスト　　　　　　　　　　　　ローコンテクスト

日本　中国　アフリカ系アメリカ　アラブ　ギリシャ　ラテン　イタリア　イギリス　フランス　アメリカ

して、できる限りはっきりと明快に伝えなければならないとすぐに学んだのである。

●ローコンテクスト……良いコミュニケーションとは厳密で、シンプルで、明確なものである。メッセージは額面どおりに伝え、額面どおりに受け取る。コミュニケーションを明確にするためならば繰り返しも歓迎される。

●ハイコンテクスト……良いコミュニケーションとは繊細で、含みがあり、多層的なものである。メッセージは行間で伝え、行間で受け取る。ほのめかして伝えられることが多く、はっきりと口にすることは少ない。

　ハイコンテクストの日本語は「間」を大事にします。「空気を読む」「気をきかせる」「察する」など、すべてを言わずとも行間から読み取ったり、相手に汲み取ってもらうようなコミュニケーションスタイルです。
　一方、**ローコンテクストのアメリカで使われる英語は、次々と伝えたいことをポンポン明確に発する真逆のスタイルです。**
　じっくり考えて慎重に、ときに含みをもたせながら話す日本人と、とにかくたくさん話して自己主張するアメリカ人には大きな違いがあります。

英語を話すのであれば英語を話す人たちと同じコミュニケーションスタイルをとらなければ上手にコミュニケーションはできません。

　日本人として生まれ、日本語でのコミュニケーションしかしてこなかったのだから、真逆のスタイルには馴染まないかもしれません。
　しかし、少し考えてみてください。あなたはなぜ英語を話せるようになりたいのでしょうか？　英語でコミュニケーションをとりたいからですよね。この根本の部分を理解して、英語でコミュニケーションをとるコツ、そして途切れずに会話をするための方法を理解し実践してください。

日本人が英語を話すときに
気をつけるべき 10 のポイント

①アイコンタクト——欧米人との会話には超重要

Chapter 2 でも触れていますが、**「アイコンタクト」はコミュニケーションをとるうえで、最も重要なことといっても過言ではありません。** 英語を話すという観点からだけではなく、欧米圏のコミュニケーションにおいて、非常に重要な要素を担っています。

たとえば、ギリシャやスペインでは言葉を際立たせるための重要な要素とされ、信頼関係や親密さを育てる手段のひとつとも考えられています。「アイコンタクト」をしっかりすることで、相手へ「あなたの話をちゃんと聞いていますよ」という敬意や誠意を表しているのです。

一方、私たち日本人は「アイコンタクト」が苦手です。

ある研究では、日本人の多くは、「アイコンタクト」をされると、無意識に「近づきにくい」と感じる傾向が強く、相手に同じ思いをさせたくないので、自分から「アイコンタクト」を積極的にしないという発表がされています。

しかし、**英語を話すのであれば、「アイコンタクト」をしなければ、逆に「自分とは話したくないんだ」「関心がないんだ」などと誤解されてしまう可能性が非常に高いのです。**

欧米圏の人は、しっかりアイコンタクトをしてもらわないと、「失礼だ」「無視された」と感じる人もいます。アイコンタクトの重要性を理解して

積極的にアイコンタクトをしてみてください。

　ここまでの話で、あなたはこう思っているかもしれません。
「でも、話をしているときにジーっと目を見られるのって怖くない？」
　そうですね。あまり相手の目を凝視することはオススメしませんが、その「怖い」と感じるとき、相手の表情はどうでしたか？　表情なくジッと見ている感じではありませんでしたか？　ここで、スペシャル方程式をシェアします。

英語でコミュニケーションをとる＝アイコンタクト＋ SMILE（笑顔）

　表情豊かに「あなたの話をきいてるよ」「私は、僕はこう思ってるよ」というスタンスでアイコンタクトができれば、もう大成功です。

　そして、もうひとつ「アイコンタクト」について GOOD NEWS を！
　実は、有能な人ほど意識的に表情豊かにアイコンタクトをすることが科学的に証明されているそうです。「アイコンタクト」をすることで良いことはあっても悪いことはないということですね。
　ぜひ、しっかりと「アイコンタクト」をして英語でコミュニケーションをとってくださいね。

● **意思表示**
　ここではあえて、「意思表示」と表現しました。何が言いたいのかというと英語でコミュニケーションをとるときには、YES / NO をしっかりと表現しなければいけません。日本語と英語のコンテクストが真逆ということはシェアしましたが、日本人の「曖昧さ」は英語のコミュニケーションでは「百害あって一利なし」です。曖昧な返事をすると、「意思のない人」「よくわからない人」と思われてしまいます。
　ちなみに、あなたは「はい」と言ったけど、内心は「いいえ」を伝えた

かった……そんな経験はありませんか？

　残念ながら、こんなトリッキーなコミュニケーションは英語のコミュニケーションでは成立しません。あくまでも、YES は YES、NO は NO です。**「NO の意味で言ってるのくらいわかるだろう」は禁物です。**注意してください。

「そうか。YES / NO をはっきりと言わないといけないのか……」

　そう思ったあなた。ちょっと待ってください。ここで重要なことをシェアします。私が冒頭「意思表示」と表現させていただいた理由です。「はい」「いいえ」という YES / NO をはっきりと伝えることが重要だとお伝えしました。

　しかし、YES と NO できっぱり、はっきり伝えることではありません。もしかしたらあなたの頭の中は今「???」となっているかもしれませんね。

　私が伝えたかったのはあくまでも「あなたの意思をはっきりと表示してほしい」ということです。英語でのコミュニケーションでは、何かを聞かれたときに「YES」か「NO」か、それとも「わからない」かを明確に意思表示しないと、相手には伝わらないということです。

　だからといって、何か聞かれたときに「Yes」と「No」だけの会話はあまりにもぶっきらぼうすぎます。

　いくら英語でのコミュニケーションは日本語でのコミュニケーションと違っても、相手を尊重する気持ちはとても大切です。

　たとえば、パーティーのお誘いを断らないといけない状況でのやりとりはどうなるでしょうか。

Are you going to come to the party tonight?
今晩のパーテイ、来る？

I would love to, but I can't. I'm going to go to work tonight.
行きたいけど、だめなんだ。今晩、バイトに行かないといけなくって。

　パーティに行けないからといって、**No, I can't.** とだけ言い放つのは、あまりにもストレートすぎてぶっきらぼうです。そんなつもりはなくても、せっかくの友情にヒビが入りかねません。

　そこで、**I would love to, but I can't.** という前置きをつけ、行けない理由も伝えることで相手が理解し、納得できるスムーズな会話になります。これだと友情にヒビが入ることはないはずです。

②短く答えない！──会話を続けるための秘訣

　これは、本当に多い「日本人あるある」のひとつです。
　多くの人は英語で何か質問されるとできるだけ短く答えようとする傾向があるようです。

How was your weekend?
週末どうだった？

Ah… Good.
あぁ〜、良かったよ。

　質問に一言で答えたことはありませんか？
　これでは会話は続きません。そして、英語が上達することもありません。このようなやりとりをコミュニケーションがとれているとはいえないどころか、「この人は自分とは会話したくないんだ」と思われてしまいます。英語を習得しようとしているのに本末転倒です。
　今日、この時点から英語の質問に対して「短く答える」ことを禁止してください。

では、これから実際に会話を続けるための秘訣、方法、ポイントについてお伝えしていきます。

　まず、英語での会話のパターンについて見ていきましょう。

　会話はあなたか相手が「質問をする」「質問される」ところからスタートします。今までのあなたは、質問されると一言で答えて、次の質問……というようなパターンだったはずですが、先ほど、この「短く答える」ことを禁止しました。

　では、どのように質問に答えていけばいいのか？

　ここでポイントがあります。

　質問に答える際には、付属の情報を付け加える必要があります。

　その場合に便利なのが、114ページで紹介する「型」を使って自分の伝えたい内容を組み立てる方法です。「型」を使えば、相手も同じ「型」を使っているので、きちんと伝わるように話すことができます。

　さらに会話を展開するポイントは、質問に答える最後で話題を振る（質問をし返す）ことです。質問に答えたからと言って、相手の質問を待っているだけではダメです。会話の相手に興味を持って質問に答えた最後に話題を振ります。そうすることで、相手も答えてくれることになり、自然と話題が広がって、会話が続きます。

　ここでのポイントは、**質問に答えるとき、いかに相手に対して情報をたくさん提供できるか、そして、質問に答えた最後に質問できるか、情報を提供できるかです。** これが基本形だと理解してください。

　そして、ここからは、あなたが話す内容にどうやって「情報」を付け加えられるかです。イメージとしては、木の枝に葉っぱを茂らせていく感じです。

　それでは具体的な方法をお伝えしていきます。

● 説明してみる・状況を描写する

　たとえば、どんな料理が好きか？　という質問に対して、あなたの好物

がタイ料理だったすると、次のような会話になるでしょう。

What kind of food do you like?
どんな食べ物が好き？

I like Thai food.
タイ料理が好きです。

　これでは、すでに禁止された「短く答える」なので、あなたは、**I like Thai food.** に枝葉をつける必要があります。

　その方法のひとつが「説明してみる」という方法です。説明するためのヒントは 「5W 1H」 を考えること です。

あなたは「なぜ」タイ料理が好きになったのか？
あなたは「いつ」タイ料理が好きになったのか？
あなたはタイ料理の「どんなところ」が好きなのか？
あなたは「どんなふうに」タイ料理が好きなのか？
あなたがタイ料理を「どこで」初めて食べたのか？

　これらの質問を自分に投げかけて、質問の答えに組み込んでいきます。

I went to Thailand last summer with my friends from University. That was my first trip to Thailand. I hadn't had Thai food before, so I was a little nervous. But once I tried it, I really loved the dishes and their spiciness. I've been trying to find good Thai restaurants in Tokyo ever since.

タイに去年、大学の友達といったのよね。タイなんて初めてだったし、タイ料理なんて食べたことなかったから、ちょっと「大丈夫かなぁ」なんて思ってたの。でも、本場のタイ料理を食べてみたら本当に美味しくって、辛さも大好きで。

それから、東京でも美味しいタイ料理屋さんを探しているの。

　いかがでしょうか？
　「なぜ」料理が好きになったのか？　タイ料理の「どんなところ」が好きなのか？　「どこで」初めてタイ料理を食べたのか？　これらの質問の情報を加えていくことで、どんどんと情報に枝葉がついてきます。

　ここであなたは「質問の趣旨はもっとシンプルなもので、こんな無駄な情報はかえって迷惑なんじゃない？」と感じたかもしれませんが、そんな心配は無用です。
　英会話では、できるだけたくさんの情報を提供していく必要があります。情報を提供すればするほど、相手も会話に乗ってきてくれます。私の個人的な感想ですが、**英語で会話を展開していくときに、自分のことをオープンに話していく「Openness（オープンネス）」がポイントだと考えています。それを感じると相手も同じようにオープンに話してくれます。**
　ぜひ、枝葉をモリモリ茂らせてみてください。

● **具体的に話す**
　実は、日本人は日常会話では曖昧な表現を頻繁に使っています。しかし、曖昧だとは感じていません。なぜなら、ハイコンテクストである日本人同士の会話は特定の状況を除くと曖昧なやりとりでも会話が成立してしまうからです。
　しかし、ローコンテクストの英語ではこれは許されません。曖昧なコミュニケーションはお互いを間違って認識、理解する可能性が高いからです。

　私たち日本人がよく使う代表的な曖昧な表現には、「何となくねぇ～」とか「そういう気分だったから」などがあります。
　日本語では違和感はありませんが、英語で「何となく」「そういう気分だったから」と表現すると、私たち日本人が認識する感じとは異なる受け取り

方をします。英語でも **I just feel like it.（何となく）** という表現はありますが、ネイティブとのコミュニケーションでこのような曖昧な表現を使うと、「あなたの『何となく』はわかったから、『具体的な理由』を教えて。そうじゃないと理解できないよ」と思われます。**曖昧な表現のあとには「具体的な理由」が必要なんです。**

そして、具体的に話すなかで気にしてほしいのは「そのとき、自分がどう感じたか」を伝えることです。これは簡単なことですが、とても大切なことです。

「何かが起こる」→「あなたがどう感じたか」を、「オープンマインド」で会話に組み込んでください。「嬉しかった」のか「悲しかった」のか「驚いた」のか「そんなこともあるのか」と納得したのか……。

出来事が起こると、それにともなってさまざまな感情が起こります。それを素直に表現してみましょう。

そして、もう1点気をつけていただきたいのは、「何をしたのか」にフォーカスすることです。

たとえば、あなたが合コンをして楽しい時間を過ごしたとします。その状況を英語で伝えるのであれば、「合コンに参加した」ことでなく、「その時間にどんなことが起こって、どんな楽しい時間を過ごしたのか」にフォーカスします。

多くの人は、合コンへ行ったのだから「合コンへ行った」とだけ表現するでしょう。しかし、「合コン」は単なる行き先で、何をしたかは伝えてはいません。日本語だとまず「合コンへ行った」ことを説明するので直訳しがちですが、それでは伝えたいことを推測してもらえません。**しっかりと具体的に「何をして」その結果「どう感じた」のか、感情も具体的に表現しましょう。** これも英語のコミュニケーションの重要なポイントです。

③結論が最初──英語を話すときは結論から話すのが鉄則

このあとの『⑥「何が言いたいの？」と言われないために』でも詳しく

説明しますが、**「結論が最初」という英語を話す際のロジックは必ず身につける必要があります。**

　日本語と英語の違いを理解し、まず質問をされたら、その質問に関する答えを伝えて、そのあとに理由をしっかり伝えます。決して、YES / NOや一言の答えで終わるようなことはしないでください。

　カナダ人の作家、サラ・J・ダンカンさんの言葉です。

If you have anything to tell me of importance,
大事な話があるなら、
for God's sake begin at the end.
お願いだから結論を先に言って。

　結論から話し始めましょうね。

④ そのあいづち、嫌がられます！──日本のあいづちは失礼 !?

　日本語のあいづちと英語の Filler はまったく違います。英語で会話しているときに、日本語で話しているときのあいづちを打つとものすごく嫌がられます。 日本語のあいづちだと、「うん、うん」「そう、そう」などがありますね。「あいづち上手は聞き上手」といわれることもあるほどです。あいづちをして「話を聞いているますよ。次、話を続けてね」と促すのです。

　日本語におけるあいづちは、英語で会話する人たちに比べると３倍多いという話もあります。
　日本人で uh huh, uh huh, uh huh. や I see. I see. I see. を連発する人がよくいます。しかし、英語が母語の人にとっては、自分が話している間に頻繁にこのあいづちをされると、自分の発言を妨害されている、自分は軽視されていると感じます。
　こう感じてほしくはないですよね？
　日本語では、相手が話しているときでも頻繁にあいづちを打ちます。で

も、英語を話しているときのあいづちは、相手の話が途切れたり、終わるタイミングで入れることが多いのです。

日本式あいづちは、英語のそれと違うので、Wikipedia には「Aizuchi」という言葉が存在します。英語で会話する際の具体的なあいづち (Filler) のフレーズについては Chapter 5 でシェアします。

⑤クイックレスポンス——英語では素早い反応が大事

相手から話しかけられたり、質問されたらすぐに反応して答えてください。これがクイックレスポンスです。何か英語で聞かれると「うぅぅ～ん」と言いながら、または無言で考え込んでなかなか答えない人たちがいます。

この状況は私たちが想像するよりもネイティブにとってはストレスです。なぜ唸っているだけで何も話さないのか理由がわからないからです。もちろん、英会話レッスン中などの特殊な状況では、ネイティブ講師は辛抱強く生徒が答えるのを待ちますし、ヒントを出して何とか生徒に答えてもらおうとするでしょう。

しかし、実際の会話相手は講師ではありません。もし、あなたが会話の中で「うぅぅ～ん」「うぅぅ～ん」と唸って何も答えない、何も話そうとしないと「あぁ、この人は話したくないんだ」と理解され、呆れられてしまう可能性が高いのです。

英語の会話では、クイックレスポンスでどんどんリズミカルに答えていく必要があります。この「うぅぅ～ん」となる状況に陥る人は、「あれ、これってなんて言うんだろう？」と自分の言いたいことを英語で表現できないから何も話せなくなるのだと思いますが、英語力が高くても「うぅぅ～ん」と唸るばかりで口から英語が出ず、クイックレスポンスができない人がいます。

その理由はふたつです。

● 正しい英語で話そうとあれこれ頭の中で考えたり、言いたいことを正確に表現しようと考え込んでしまい、クイックレスポンスができない

●本書でシェアしているトレーニングをしていないので英語回路がインストールされていない

　英語力の高い人は、考えをまとめようとか、正しく表現しようとか「考えて話そうとする」のではなく、しっかりとクイックレスポンスでどんどん会話をしてほしいですし、英語回路がインストールされていないのであれば、しっかりとトレーニングすれば、クイックレスポンスができるようになります。

　もし、あなたが初心者で、英語でどう言えばいいのかわからなくても、本書でシェアしているトレーニングをすれば、クイックレスポンスで会話できるようになります。

　相手にストレスをかけずにスムーズな会話を展開するには、クイックレスポンスが重要なので、ぜひできるようになってくださいね。

　ここで、「うぅぅ〜ん」（黙る）となったときの対処法をシェアします。
　英語が出てこなくなる主な理由は以下の４つです。

●質問は理解して返答を考え中
●質問に対する答えがわからない
●言っていることが理解できなかった
●はっきりと聞こえなかった

　それぞれの状況に合わせたフレーズを身につけてクイックレスポンスでコミュニケーションをとっていきましょう。

●**質問は理解して返答を考え中の場合**
　考えているときには「今考えています」ということが伝わるレスポンスをしましょう。

Let me see… / Well…	えーと……
Just give me a second...	ちょっと待ってね。
Let me think about it for a while.	ちょっと考えてもいい？

● 質問に対する答えがわからない場合

注意しないといけないのは、質問に対しての答えがわからないからとただ **I don't know.** と言うのはいただけません。コミュニケーションが続くように心がけましょう。

I'm not sure about your question.	質問がよくわかりません。
Do you mean…?	どういう意味？
I have no idea. / I don't have a clue.	全然わからないよ。

● 言っていることが理解できなかった場合

言っていることがわからないのに、**Can you repeat?** と何度お願いしても埒はあきませんよね。

| I'm sorry. I don't get it. | ごめんなさい。意味がわかりません。 |
| Put it simply, please. | わかりやすく言ってもらえますか。 |

● はっきりと聞こえなかった場合

I'm sorry. I couldn't follow you.
ごめん。言ってることがよくわかりません。

Could you say that again?
もう一度、言ってもらっていいですか。

I couldn't catch that. / I couldn't hear you well.
聞こえませんでした。 / よく聞こえませんでした。

Sorry?
ごめんなさい。

　大事なことは、会話は相手の話を聞いてそれに反応する、つまり「キャッチボール」みたいなものであるということです。特に初級レベルの人に多いのですが、会話の相手が反応を待っているのにもかかわらず、反応しない、もしくは反応できない場面が多くあります。

　たとえば、日本人に日本語で「昨日さ、ミシュランで星を取った予約の取れないレストランに行ったの」といえば、「へぇ〜。すごーい。羨ましいなぁ。で、どうだった？」と反応してくれますが、次の英文を日本人に言うと、どのような反応が返ってくると思いますか。

Well, I went to a Michelin starred restaurant last night. It was almost impossible to make a reservation.
えーと、昨日の夜、ミシュランで星を取った予約の取れないレストランに行ったの。

　「ウソでしょ？」と思うかもしれませんが、英語で言われると反応できなくなる日本人は少なくありません。もしこのセンテンスが疑問文なら、日本人はなんとか答ようと反応します。ところが疑問文でないと、なぜか反応できなくなってしまうのです。会話は疑問文だけ成立しません。次のように「合いの手」を入れて無反応になるのを避けるように意識しましょう。

Well, I went to a Michelin starred restaurant last night. It was almost impossible to make a reservation.
えーと、昨日の夜、ミシュランで星を取った予約の取れないレストランに行ったの。

Wow, which one did you go? And how was it?
うわー、どこ行ったの？　それで、どうだった？

　英会話でも日本語での会話でも、コミュニケーションを円滑にするために「合いの手」を入れることが重要なのは同じです。このこともぜひ覚えておいてくださいね。

⑥ 「何が言いたいの？」と言われないために

　これまでも、途切れずに英語で会話をするためのポイントをシェアしてきましたが、あなた自身が話す「量」（提供する情報量）を増やし、しっかりと相手にあなたの言いたいことが伝わる話し方をシェアします。

　まず、私たち日本人は、日本語で話しているときに「状況の説明などを話して、だから結論はこうなる」という順序で話します。最後まで話を聞いて結果がわかるという感じです。

　一方、英会話で同じことをすると、だらだらと前置きが長くて「この人は一体何が言いたいの？」と思われてしまいます。この点でも英語と日本語はまったく違います。実は、英語には、相手に自分の言いたいことをしっかりと伝えるための「型」があるんです。

　その「型」とは、次のとおりです。

① Introduction　　　　導入・出だし（結論）
② Body　　　　　　　説明・理由
③ Conclusion　　　　　結論（まとめ）

「英語版：起承転結」と理解してもらえればいいと思います。
　英語はまず「私は○○についてこう思います」と、結論を先に伝えます。
　そうすることで、相手をイライラさせることもなく、「この人は一体何が言いたいんだ？」と思われることもありません。しかも、この型に沿って

話せば、自然とあなたが提供する情報が増えるので、一石二鳥のお得な手法といえます。

あなたからの情報提供量が増えれば、間違いなく YES / NO で会話が終わることはなくなります。

具体的にこの「型」をどう表現するのかは、次のような感じです。

① Introduction　　　私は〇〇についてこう思います。
② Body　　　　　　なぜなら〇〇だからです。
③ Conclusion　　　　だから私は〇〇だと思います。

いかがですか？

先ほどもお伝えしましたが、この「型」で話すことで、より会話が展開していきますし、相手も同じ「型」で話しているので、次にくる内容が予測もできます。ぜひ、この「型」に沿って、ロジカルに伝えるようにしてみてください。

⑦勘違いしていませんか？──早口で話す必要はない！

あなたは「英語を話す＝ぺらぺらと早口で話す」というイメージを持っているかもしれませんね。

私の受講生さんのほとんどがトレーニングをスタートした当初は、英語で発話するトレーニングや音読のトレーニングの際に一生懸命早く話そうとします。みなさんは、「英語はネイティブが話しているように早いスピードで話さなければならない」と思っているかもしれません。しかし、英語は早口で話す必要はありませんし、ネイティブも全然早口ではないんです。

あなたが英語を話すときには、相手に伝わるようにあなたのスピードで丁寧に話すことを心がけることが重要です。

あなたが英語を話す目的は、言いたいことを理解してもらうことですよね？　「英語を話す」という観点で最も重要な目的は何なのかを考えて、焦らずにしっかりと伝わる英語で話しましょう。

　私たち日本人は「謝罪する」ことを重視します。企業、組織の不正、著名人のスキャンダルはもちろんのこと、個人レベルでも謝ることなしには次には進まないといっても過言ではありません。そして、「謝る」という行為があるからこそ「許し」があると、私たち日本人は強く認識しています。

　英語でのコミュニケーションでも日本人は **Sorry** をよく口にします。かつて、ネイティブの友人から「Yuka は Sorry,Sorry 言いすぎ。なんでそんなに Sorry って言うの？」と言われて「はっ！」となったことがあります。私だけにかかわらず多くの日本人に起きていることです。

　では、欧米人の感覚がどういうものかをお伝えしますね。

　まず、欧米人は自分に非があっても基本的に謝りません。もちろん、国ごとに違いはありますが、謝罪が必要なレベルのことをした場合でも、「謝罪＝責任を認める」ことになるので弁明から始めます。すぐ謝ってペコペコすると「弱い人間」と見られがちなので、謝る前に必ず自分の行動に対して「なぜ、そうしたのか」を説明するわけです。

　日本人はこうした振る舞いを見て、「謝らないし、言い訳ばかり」と感じてしまいます。

「謝る」行為を重視する日本に対して、欧米は「謝る」行為よりも、「改善策」を重視する傾向が強いともいえます。欧米人にしてみると、それほど重い **I'm sorry.** という言葉を日本人が頻繁に使うことが理解できないのです。**Sorry** は、本当に心を痛めたときにだけ使うということです。

　そうはいっても、私たち日本人はちょっとしたことで「ごめん、ごめん」と言ったり、「すみません」をいろいろな意味でも頻繁に使います。この習慣から抜け出すのは難しいかもしれません。だからといって、**Sorry を連発してはいけません**。自分がどういう気持ちで「ごめん」や「すみませ

ん」を使うのかを吟味しながら使い分ける必要があります。

　あなたが言っているその「ごめん」は、謝罪の気持ちを本当に強く含んでいるかを考えてみてください。

　たとえば「あっ、ちょっとごめん。あれ取ってくれる？」なんて言うときの「ごめん」には謝罪というよりは「お願い」の意味合いが強くないでしょうか？　そう考えると、この場合は **Sorry** ではなく、**Please** が使えます。

⑨スモールトーク──日本人は知らない、その重要性

　英語のコミュニケーションでスモールトークは重要です。

　スモールトークとは、いわば「雑談」「世間話」のことで、天気、週末や休暇について、趣味、家族、仕事などについての会話のことです。「何で？」と思うかもしれませんが、このスモールトークの重要性はある研究でも証明されています。英語のコミュニケーションにおいて、スモールトークの役割は決してスモールではないのです。

　たとえば、英会話のレッスンを受けると、ネイティブ講師はレッスンの始めに毎回こう聞いてきたりします。

How was your weekend?
週末はどうだった？

　これがスモールトークです。

　日本人同士のコミュニケーションで、月曜日に出社してくる親しい同僚に毎週、毎週「週末どうだった？」と聞く人はほとんどいないでしょう。英会話レッスンで聞かれても「何で、毎回、毎回同じことを聞くんだ？」と感じるはずです。

　しかし、**スモールトークは英語のコミュニケーションでは避けては通れない「英語での挨拶の一部」なので諦めてください。**

　スモールトークの習慣がない私たち日本人は、どうすればいいのか？　その答えはシンプルで、「事前に用意しておく」のです。

あなたが話したいトピックを選んでどんな情報を提供したいかを考える習慣つけて、「スモールトークの達人」を目指しましょう。

⑩「わかったフリ」は禁止！──日本人はついついやりがち

最後は禁止事項です。

多くの日本人がよくやってしまうことですが、**「わからないのに、わかったフリをする」のは、今後一切禁止です。**

絶対にしないと誓ってください。

わかったフリを続ければ続けるほど、いくら本書の内容を実践しても、英語で円滑なコミュニケーションはとれるようにはなりません。

今後、相手の言っていることがわからないときには、必ずきちんと聞き返して、自分の状況を伝えるようにするべきです。わかったふリをするのは最悪です。

コミュニケーションの相手は、あなたが英語ネイティブではないことはわかっていますから、聞き返せば、ゆっくり話してくれたり、もっと具体的に聞いてくれるはずです。

Chapter 5

英語でコミュニケーションをとるための
8つの Tips

【Tip1】
Filler (あいづち)

「Filler」と「あいづち」は、持つ意味がまったく違う

ここに代表的な Filler をシェアします。Filler（フィラー）とは、文と文の間を埋めるという意味で使われています。

Chapter 4 でもお伝えしていますが、この Filler の使いすぎ、uh-huh, uh-huh（アハ、アハ）を言いすぎると嫌がられますので注意してください。

相手の言ってきたことに対しての反応として簡単で使いやすい表現は、That's ○○ . という表現です。ポジティブな場面でもネガティブな場面でも使えます。

That's nice. / That's awesome!	いいね／素晴らしい！
That's too bad. / That's awful.	それは残念／それはひどい

ぜひ、使ってみてくださいね。

以下に、よく使う Filler を列挙しています。ただし、同じ Filler を連発しないように注意しましょう。

ummm / uhhh（アーム / アー）	あのー、うーんと
uh-huh / um-hum（アーハン / ン - フン）	うん
Wow.	わぁ
Yeah.	うん

Right./Sure.	そうね
I see.	そうなんだ、そういうことね
I got it. / Got it.	わかった
You bet.	もちろん
Really?	本当に？
Is that so?	そうなの？
Seriously?	マジで？、それちょっと本当？
You mean it? /Are you serious?	マジで？
Are you kidding?	ウソ、冗談でしょ？
(That) make sense.	なるほど
Like	～みたいな
I mean	つまりね……
You know	あの～、えーっと
Cool./Sweet./Sounds good./Looks good.	いいね！

※自分が見えているものに対しては Look を使って、話している（音）内容とかの場合は、Sound を使います。

Awesome.	すごくいいね
Oh my goodness.	あら、おやまあ、大変、うわー
That's incredible!	なんてことだ！
That's unbelievable!	なんてことだ！
I can't believe it.	うそ！ まさか！
No way!	うそ！ まさか！
Uh-oh（アッオォ）	あらら！あーあ
May be./Could be.	たぶんね
Kind of.	まあね
I guess so.	そうみたいね
How come?	なんで？
What do you call it?	何でしたっけ？
What is it called in English?	英語で何て言うんだっけ？

● 返答を考える時間を稼ぐときの Filler

Well...	えーっと、あのー、そうね
Let's see.	えーっと
Let me see.	えーっと、そうね
Let me think.	ちょっと考えさせて
What should I say...	どう言えばいいかな……

【Tip2】
共感を表現しよう

たくさんある共感を表現する Filler を覚えると便利

　これらも Filler の一部ですが、共感する際の表現をまとめました。Filler はこのほかにもたくさん存在しますので、あなたが海外ドラマや映画、インタビューなどを聞いているときに、どんな Filler が使われているか気にしてみてくださいね。

Right on.	やったね、良かったね
That's great!/Wonderful.	いいね
Good for you.	よかったね
That's amazing.	すごい
I'm happy for you.	私も嬉しいよ
I'm excited for you.	私もワクワクしてきちゃった
I think so, too.	私もそう思うよ
Are you serious?	マジで？
I've been there.	同じ経験をしたのでわかるよ
I feel you. /I know how you feel.	気持ちわかるよ
I understand.	わかります
That's true.	たしかに、そうだね
You're right.	たしかに

Exactly / Absolutely / Definitely	まったくそのとおり
Totally	そのとおり
I agree with you.	賛成、同意します
I know what you mean.	言いたいことわかるよ
I hate it when that happens.	そういうのって嫌だよね
I'm sorry (to hear that).	お気の毒に
	それを聞いて残念です
That's terrible./That's awful.	それはひどい
That's too bad.	それは残念
That's sucks.	最悪だね

【Tip3】
NO について

「NO」を言うときにコツがある

多くの日本人は「ネイティブは率直に話す」というイメージがあるので、少し驚くかもしれませんが、ネイティブたちは、相手に NO を伝えるときに「どう表現すれば相手を傷つけずに対応できるのか」を日本人以上に考えながら話しているのは、これまでに説明したとおりです。

● 「したくない」「できない」を表現したいとき

まず、「したくない」は **I don't want to do it.** ですね。

しかし、何かの質問に対して「したくない」を伝えたいときには、実際の会話で **I don't want to do it.** と言い切ることはほとんどありません。「できない（**I can't do it now.**）」を伝える際にも同じことがいえます。

では、どのように「したくない」や「できない」をストレートでキツくなく表現するのか？　その方法は、前置きをつけたり、より柔らかい丁寧な言い方にします。Chapter 4 の例文でもあったように、**I'm sorry but** …をつけたり、Unfortunately をつけることで柔らかく、丁寧な表現にします。

I would love to, but I can't.　　したいのはやまやまだけど、できないの。
I'm sorry but it's impossible for me to do now.
ごめんね。でも、今は無理なの。

Unfortunately, I can't make it.　　残念だけど、行けないです。

　そして、**NO の意思を表すときは would を使うことで、柔らかく丁寧な表現にできます**。**I don't do that.**（しない）ではなく、**I wouldn't do that.**（私ならそうはしません）とすることで丁寧な言い方になります。

　また、これらの表現のあとには必ず理由を話すこともポイントです。

● 相手の意見、考えを受け入れる

　ビジネスシーンだけではなく、プライベートでも恋人、友人、家族間で相手の意見と自分の意見が合わないときがあります。そんなときに、一気にバトルにならないための方法を身につけましょう。

　方法はとっても簡単。「相手の意見、考えを受け入れる」だけです。「英語ははっきりと伝えないといけないんじゃないの？」と感じるかもしれませんが、英語でも相手を尊重したコミュニケーションが必要です。

　その際に**やってはいけないのは、「相手を否定する」ことです**。たとえば、意見が違うときに、次のような表現をすると、相手もカチンときて、臨戦態勢に入ってしまいます。よほどのことがないかぎり、以下のフレーズを使ってはいけません。

I disagree with you.　　　　　あなたの意見に反対です。

I think you're wrong.　　　　　あなたは間違っています。

I don't like your idea.　　　　あなたのアイデア、嫌いです。

That doesn't work.　　　　　　それ、無理。

　では、相手を尊重したアプローチの方法をシェアします。

　たとえば、あなたが彼女（Kathy）と次のヴァケーションの行き先を話し合っているときに、彼女が自分が望む場所とはまったく違う場所を提案してきたとします。こういう場合は、次のように表現するといいでしょう。

That's a pretty nice idea, Kathy. But I also have the place I want to go with you. Do you want to know where? / That's a pretty nice idea, Kathy. But I also have a place I want to go with you. Do you want to know where?

キャシー、とっても良いアイデアだね。でも、僕も君と一緒に行きたい場所があるんだ。どこか知りたい？

　最初から意見が違うと自分の意見をぶつけるのではなく、彼女の選択をいったん認めることで、彼女もあなたの意見を聞く準備ができます。

　もうひとつの例を見てみましょう。会議の席で、同僚の Dave の発言が自分の意見とはまったく反対でした。そんな場合には、次のように言えば角が立ちません。

I know what you mean, Dave. But if I were you, I might see it in a slightly different way.

デーブ、君の言っていることはわかるよ。でも、僕が君ならちょっと違う見方をするかもなぁ。

　I know what you mean. で、まず相手に共感を示しているので、Dave は頭から否定されたとは感じないはずです。

　以下に相手を認めるフレーズをシェアするので参考にしてください。

I like your idea.	あなたのアイデアが好きです。
That's a good idea.	良いアイデアですね。
I know what you mean.	あなたの言ってること、わかります。
You're right.	あなたは正しい。
I agree with you.	あなたに賛成です。
I understand how you feel.	あなたの気持ち、わかります。
I can see what you are saying.	ごもっともです。

【Tip4】
ボディランゲージ

英語が上手な人は、ボディランゲージも上手に使う

　私たち日本人もボディランゲージ（ジェスチャー）を使ってコミュニケーションをとりますが、会話をしているときに手を動かしたり、顔の表情を感情に合わせて動かすことはほとんどないと思います。

　しかし、ネイティブはボディランゲージなどの非言語のコミュニケーションを駆使して会話します。そんなネイティブを見て「うわっ。外国人やなぁ」と感じるかもしれませんね。

　実は、私は日本語を話すときもかなり手を動かしています。以前、友人と話していると、「なんや、それ」といって肩をすくませました。私が会話している間にしているジェスチャーをマネしたのです（肩をすくませるジェスチャーは、Shrug といい、「わからない」を表現する、とてもカジュアルなジェスチャーです）。友人にしてみれば、外国人がするような仕草やジェスチャーをする私に違和感を覚えたのかもしれません。

　しかし、私にとっては無意識なのでしかたありません。**Bear with me!（我慢してね）**です。

　ハイコンテクストの日本語は直接的に言わずに相手に察してもらうコミュニケーションスタイルです。対してローコンテクストの英語では、ジェスチャー、声色、表情などさまざまなものを使ってコミュニケーションをとります。ネイティブのようなジェスチャーを使えれば、英語のコミュニ

ケーションをより円滑にできるのです。

　ところで、あなたは「メラビアンの法則」をご存じでしょうか？
「メラビアンの法則」は、カリフォルニア大学ロサンゼルス校（UCLA）
心理学名誉教授であるアルバート・メラビアン氏が、著書『Silent
messages（非言語コミュニケーション）』のなかで発表したものです。
　具体的には「相手にメッセージを伝えるとき、言語情報（内容）が7％、
聴覚情報（話し方など）が38％、視覚情報（見た目・ボディランゲージなど）
が55％の重要度を持っている」という法則です。
　実は、これはかなり限定された状況下での法則ですが、**円滑なコミュニ
ケーションには、話す内容だけでなく、話し方や見た目、ボディランゲー
ジなどの非言語コミュニケーションが重要**であることがわかります。

　相手に伝わりやすいような英語を目指してブラッシュアップしながら、
さらに話し方やボディランゲージに意識を向ければ、伝えたいことをより
正しく伝えることができるようになります。

　初心者の日本人は「相手が言ったことを頭で理解しようしている間に、
どんどん話が進んでいってしまう」状況に陥りがちです。そんなときに、
割って入るタイミングも見つからなくても、「ちょっと待って」「sorry」を
表すジェスチャーをすれば、相手は「？」となって必ず止まってくれます。
　そうすれば、あなたはこう伝えることができます。

Sorry, but you speak too fast. Could you speak a little slower?
ごめんね。でもちょっと早すぎて。もう少しゆっくり話してくれる？

　こうしたことは英語を話すときだけでなく、日本語を話すときにも取り
入れることができます。人前で話したり、プレゼンテーションをするなら、
ぜひ、取り入れてください。伝わる力が倍増するのは間違いありません。

ハーバードビジネススクール教授で NY タイムスのベストセラー著者、そして講演会をインターネットで無料配信する動画サイト「TED (https://www.ted.com/)」において自身のプレゼンテーションが歴代再生回数第２位の社会心理学者のエイミー・カディは、TED のプレゼンテーション「ボディランゲージが人をつくる（Your body language may shape who you are.)」で「ボディランゲージは、他者とのコミュニケーションにおいてではなく自身の見方にも影響し、『パワーポーズ』をとることで最高の自分をつくっていくことができる」と伝えています。

　他者とのコミュニケーションだけではなく、自分にも良い影響をもたらすのがボディランゲージなのです。
　ぜひ、他者とのコミュニケーションだけではなく、最高の自分になるためにも効果的なボディランゲージを身につけてください。
　アメリカの女優、メイ・ウェストさんがこんな言葉を残しています。

I speak two language, body and English.
私はバイリンガルです。ボディランゲージと英語を話します。

【Tip5】
「You」の使い方を気をつけよう！

主語を You から I に変えると、会話が円滑になる

「You の使い方を気をつけよう！」

　そう言われても、あなたは「何のこと？」と思うかもしれません。

　You はもちろん「あなた」、相手のことを指します。ここで取り上げたいのは「相手を批判するときの You」です。

　会話で相手を批判したり、ネガティブなことを伝える場面は必ずあるはずです。たとえば、相手が間違っていることを伝えるときは、次のように伝えると思います。

You made a mistake.
あなたは間違いました。

　この表現だと、相手は攻撃されているように感じてしまいがちです。

　コミュニケーションスキルのひとつである「アイメッセージ」という言葉を聞いたことはありますか？　**「アイメッセージ」は、しっかり事実を伝えつつも、相手が攻撃されたと感じないコミュニケーションスキルです。**このコンセプトを英語にも取り入れましょう。

　たとえば、先ほどの「あなたは間違いました」を主語を「You」でなく、「I（私）」にして伝えます。

I found a mistake.
間違いを見つけました。

　日本語でも「あんた、ここ間違ってるけど」と言われるのと「間違いをみつけたんだけど」と言われるのとでは感じ方が違いませんか？
　たしかに、その人との関係性でざっくばらんに伝えても大丈夫な場合もありますが、通常は後者で伝えてもらったほうがいいですよね。

　恋人同士の関係で彼の様子がおかしいと彼女が感じたとします。しかし、彼女は彼に何が原因かはわかりません。そこで彼女は「なぜ今、彼に起こっていることについて何も言ってくれないのか？」を彼に伝えたいとします。

You're not telling me what's going on.
あなたは、何が起きているのか、ちっとも教えてくれないのね。

　こう表現をすると、彼はカチンと感じ、口論に発展するハメになるかもしれません。同じことを「アイメッセージ」で伝えるとどうでしょうか？

I feel left out.
なんだか取り残されているように感じるわ……。

　こう言えば、彼は「ちょっとかわいそうなことをしたかな」と感じて、口論にはならないでしょう。

　もうひとつ例を出してみましょう。
　夫婦関係で夫がまったく家事や育児を手伝ってくれない状況で、妻は「全然手伝ってくれない！」と不満をぶつけたいとします。そのときに次のようにと言ってしまうと、ダンナは「は？　俺だって仕事で疲れてるんだ

よ！」と、よくあるパターンになってしまいます。

You are not helping me at all!
全然手伝ってくれないよね！

　奥さんの言いたいことをはっきり伝えつつ、夫のとらえ方を変えたいのであれば、こうに伝えるのはどうでしょうか？

I feel like I need more support from you.
あなたからのサポートがもっと必要だって感じるの。

　こう伝えれば、夫の怒りの導火線に着火させることなく、会話を続けられるのではないでしょうか？
　相手に対して批判や率直な考えを伝えたいときには、You を主語にするのではなく「アイメッセージ」で伝えてみましょう。

【Tip6】
I don't know. のトリセツ

I don't Know. だけの返答では、ぶっきらぼうになる

　質問に対して **I don't know.** とだけ答えていませんか？　もちろん、「知りません！」「（さっぱり）わかりません」とはっきり伝える必要がある場合は **I don't know.** でいいですが、そうでない場合に使うと、とてもぶっきらぼうに聞こえます。通常は、**I don't know.** と言ったあとにフォローするようなことや、理由・説明を付け加えて、ぶっきらぼうになるのを避けるようにします。これからは、注意してくださいね。ここでは、「わからない」「知らない」と伝える際のいくつかの表現をシェアしますが、それぞれニュアンスが異なります。その場に合わせて表現してみましょう。

● I'm not sure.

「はっきりわからないんです」という意味です。**I don't know.** よりは、柔らかい表現で使用頻度が高いフレーズです。「ごめん、ちょっとわからないんだ」といったケースで使うことが多く、「確信が持てない」「自信がない」ニュアンスが含まれます。

Do you know Kevin is joining us tonight? / Do you know if Kevin is joining us tonight?
今晩、ケビンも来るの？

I'm not sure. I'm going to call him.
どうかな。電話してみるよ。

- **I have no idea. / I have no clue.**

　聞かれたことに対して知識がなく、全然わからないときに使います。カジュアルな会話では **No idea.**、**No clue.** とも言います。

Do you know where Lucy is?
ルーシーがどこにいるか知ってる？

I have no idea. Ask Terri.
全然わかんない。テリにきいてみたら？

※ I have no ideas. と複数形になると、「何も考えが浮かばない」という別の意味になります。

- **(It) beats me.**

「私にもさっぱりわからない」という意味になります。**I don't know.** や **I have no idea.** と同じ意味を持つ口語表現です。

Do you know where Saint Lucia is?
セントルシアってどこにあるか知ってる？

Beats me!
さっぱり！

- **How should I know?**

「知っているわけないでしょ？」「そんなの知らないよ」という意味です。
「そんなこと聞かれたってわかるわけないでしょ」というイライラしてい

る気持ちを表したい場合にピッタリの表現です。

How is your ex?
元カレ元気？

How should I know?
知るわけないじゃん。

- **Who knows?**

「誰にもわからないよ」という意味です。この表現は **Who knows the answer to that question?（誰がその質問の答えを知っているの？）**の略で、誰にも答えがわからないときに使います。

Who do you think will be the next president?
次の大統領は誰になると思う？

Who knows? Who do you want to be? / Who do you want it to be?
わかんないよ。誰になってもらいたいの？

- **Your guess is as good as mine.**

「私もよくわかりません」という意味の話し言葉です。「私もわかんないのよ」と言いたいときに使います。

Oh, is that new restaurant around the corner open for dinner tonight?
あの角の新しいレストラン今夜やっているかな？

Your guess is as good as mine. Let me check.
よくわかんないな。チェックしてみるよ。

【Tip7】
とても大事な「数字」と「時間」

数字は３桁ごとのカンマで単位を把握する

　金額やホテルの部屋番号など、数字について話すことは多くあります。特にビジネスで、一桁間違えば一大事です。友達との待ち合わせやスケジューリングで日時を間違えば、これも大変なことになります。

　実は、英語上級者でも数字が出てくると「ウッ」と思考が止まる人がいます。今のうちに「数字」と「時間」について理解しておきましょう。

　４桁以上の数字を読むときは、３桁ごとにカンマで区切って読むのが基本的なルールです。英語は日本語と違って「万」「億」の単位がありませんので、大きな数字になればなるほど、日本人には読みにくく、ぱっと理解しにくくなります。

　数字を読むときには３桁ごとにカンマを付け、桁の数で単位を把握するのをオススメします。

　次ページの表5-1でいうと、ゼロふたつが hundred（百）、ゼロ３つが thousand（千）、ゼロ６つが million（百万）、ゼロ９つが billion（十億）、ゼロ 12 が trillion（兆）です。なお、ten, hundred, thousand, million, billion, trillion は単位なので複数形にはなりません（「5,000」は「five thousand」で、「five thousands」にはなりません）。

　たとえば、386,542 という数字は、英語では次のようになります。

表5-1 │ 数字の英語表現①

漢数字	算用数字	英語
一	1	one
十	10	ten
百	100	a / one hundred
千	1,000	a / one thousand
万	10,000	ten thousand
十万	100,000	a / one hundred thousand
百万	1,000,000	a / one million
一千万	10,000,000	ten million
一億	100,000,000	a / one hndred million
十億	1,000,000,000	a / one billion
百億	10,000,000,000	ten billion
一千億	100,000,000,000	a / one hundred billion
一兆	1,000,000,000,000	a / one trillion
十兆	10,000,000,000,000	ten trillion
百兆	100,000,000,000,000	a / one hundred trillion

Three hundred eighty six thousand five hundred forty two

「ちょっとややこしいなぁ」という人にはコツをお教えします。

①まずコンマで区切る

386 / 542

②前の３桁を英語で読む

386 = Three hundred eighty six

③残りを確認すると３桁（ゼロが３つ）なので thousand をつける

386 / 000 = Three hundred eighty six thousand

④うしろの３桁を読む

386 / 542 = Three hundred eighty six thousand five hundred

forty two

　もうひとつやってみましょう。856,000,000（8 億 5,600 万）です。
まず、コンマで区切っていきましょう。

856 / 000 / 000

　そして、最初の 3 桁を英語で読みます。

856 = Eight hundred fifty six

　残りを確認すると 6 桁（ゼロが 6 つ）なので、million をつけます。

856 / 000 / 000 = Eight hundred fifty six million

となります。

　ランダムに 4 桁以上の数字を書き出し、3 桁ごとにコンマで区切って読
んでいく練習をするといいと思います。少し難しい場合は、3 桁ごとの数
字をそれぞれ読んでから、最後に最初のコンマから残りの桁数（ゼロがい
くつあるのか）を確認して thousand や million を入れていく方法でもい
いかもしれません。

　年代（4 桁）やホテルの部屋の番号（3 桁、4 桁）など、3 桁と 4 桁の
数字だけのルールがあります。年代などの 4 桁の数字を読むときは「数字
をそのまま読む」「2 桁に分けて読む」の 2 通りの読み方があります。

2020　Two thousand twenty / Twenty twenty
1998　Nineteen ninety eight / Nineteen hundred ninety eight

表 5-2 │ 数字の英語表現②

日本円		
¥1	1¢	one cent
¥10	10¢	ten cents
¥100	$1	one dollar
¥1,000	$10	ten dollars
¥10,000	$100	a / one hundred dollers
¥100,000	$1,000	a / one thoousand dollers
¥1,000,000	$10,000	ten thousand dollars
¥10,000,000	$100,000	a / one hundred thousand dollars
¥100,000,000	$1,000,000	a / one million dollars
¥1,000,000,000	$10,000,000	ten million dollars
¥10,000,000,000	$100,000,000	a / one hundred million dollars
¥100,000,000,000	$1,000,000,000	a / one billion dollars
¥1,000,000,000,000	$10,000,000,000	ten billion dollars
¥10,000,000,000,000	$100,000,000,000	a / one hundred billion dollars
¥100,000,000,000,000	$1,000,000,000,000	a / one trillion dollars

1785　Seventeen eighty five / Seventeen hundred eighty five

　3桁の数字は「普通に読む」「最初の一桁と残りの2桁を読む」の2通りがあります。

742　Seven hundred forty two / Seven forty two
108　A hundred eight / One hundred eight / One o eight
638　Six hundred thirty eight / Six thirty eight

　お金の場合はどうでしょうか？
　日本円と米ドルの比較をしてみましょう。
　日本円と米ドルは、そのときどきで変動する為替レートで交換されるため、同じ1億円でも、両替したときの為替レートで受け取れる米ドルは変わってきます。

よく間違えるのは、数字の 1 億と 1 億円です。

数字の 1 億は **one hundred million** ですが、1 億円を 1 ドル 100 円で計算すると、$ 1,000,000 で **one million dollars** になります。

知っておきべきネイティブがよく使う数字の表現

ここでは、ネイティブが英数字を読むときによく使う言い回しをシェアします。

● hundred のあとに and を入れる

たとえば、386,542 であれば、**Three hundred and eighty six thousand five hundred and forty two** と読むネイティブもいます。

● a thousand か？、それとも one thousand か？

ほとんどのネイティブは、1,000 は **a thousand** と読みますが、1,000 を強調したいときには **one thousand** と **one** を使います。

● 小数点について

小数点は point（ポイント）と読みます。

たとえば、1.25 グラムを英語で読むと **one point two five grams** となり、小数点以下は数字をひとつづつ読みます。たとえば 17.274 だと、**seventeen point two seven four** です。

● half について

英語の **half** は、半分や 30 分など分量や時間にも使われます。

half an hour	30 分
half again	〜の 1.5 倍
half a million	50 万

「時間」の言い方にはいろいろある

　次は、時間です。時間の言い方がいくつかあり、たとえば**午前10時**であれば、次のような言い方があります。

ten am / ten o'clock in the morning / ten in the morning

午後3時だと、**three pm / three in the afternoon**
午後6時だと、**six pm / six in the evening**
午後10時だと、**ten pm / ten at night**

　o'clock はつけてもつけなくても OK です。

　何時何分の言い方もいくつかあります。

午前9時20分	**nine twenty am / twenty past nine**
午前10時5分	**ten o five am**（テン・オー・ファイブ・エーエム） **five past ten**

　分の単位が1桁のときには、前に 0（オー）を入れます。

5時15分前	**fifteen to five / quarter to five / four forty five**
3時半	**half past three**
7時15分過ぎ	**quarter past seven**

　数字や時間は大切な情報ですから、会話中に数字や時間が聞き取れなかったら、わかったフリはせず、必ず聞き返して確認しましょう。聞いてもわからなければ、書いてもらってもいいと思います。

【Tip 8】
Thank you の大切さ

ネイティブは Sorry より Thank you を使って会話する

　私が英語を話せるようになって大事だと感じたのが、**Thank you** です。

　私たち日本人も日常で感謝は伝えていますが、英語ネイティブは私たちの2倍も3倍もたくさんの **Thank you** を言います。そして言われます。

　日本人は **Sorry** を言いすぎると前述しました。Sorry を Thank you に変えてみると、世界が変わります。

　たとえば、自分がミスをしたときには、

I'm sorry that I made a mistake.
間違えてごめんなさい。

ではなく、こう言うのです。

Thank you for pointing out my mistake.
ミスを指摘してくれてありがとう。

Thank you for letting me know.
教えてくれてありがとう。

　海外のレストランでは、長い時間待たされている状況でも店員さんは「お

待たせして大変申し訳ありません」とは言わず、次のように言います。

Thank you so much for your patience.
お待ちいただきありがとうございます。

　そして、英語にはこういう表現もあります。

Thank you, anyway.
いずれにせよ、ありがとね。

　この表現は相手が結局は助けにはならなかったり、相手の提供してくれた情報が結果的には役に立たなかったときに言う **Thank you** の表現です。
　たとえば、あなたが道を聞いたけれども、結局はその人も曖昧でわからなからかった場合などです。
　その人はあなたの「道がわからないので行き方を教えてくれませんか？」という質問に対して、立ち止まり、わざわざ話を聞いて、考えてくれました。結果としては明確な答えはわからなかったけれども、それに対して **Thank you, anyway.** と伝えるのです。

　いかがですか？
　ぜひ、**I'm sorry** を **Thank you** に言い換えてみてください。

Chapter 6

さて、ここからはあなた次第！

Do whatever you want to do &
Decide what you want to do with it.

自分の言いたいことが英語で
80% 言えるようになったあなたへ

諦めなければ、必ず英語を話せるようになる！

　この Chapter では、この本を読んで実践することで自分の言いたいことが「英語で 80％言えるようになったあなた」に知っておいてほしいことや、今後の取り組み、さらに英語を自在に使えるようになる方法などについてお伝えしていきます。

　自分の言いたいことが英語で 80％言えるようになったら本当にしめたものです。今までお伝えしていませんでしたが、このレベルになるまでが最も大変です。

　もし、あなたがこれを読む前にこの本のトレーニングを実践して自分の言いたいことが英語で言えるようになっていたら、自分を褒めてあげてください。

　大人の私たちが忙しい日常の中で、なかなかうまくいかない、うまくできない、悶々とした気持ちを持ちつつも、決して取り組みをやめることなく、英語で自分の伝えたいことを話せるようになるのは、決して簡単なことではありません。

　そして、あなたがまだトレーニングに取り組む前なら、このことを忘れないでください。取り組みを諦めずに継続すれば、１歩ずつでもゴールに近づき、必ずゴールに到達できます。

　諦めてやめてしまうと、プラスは何もありません。前述していますが

「あぁ〜、またできなかった」と自分をネガティブにとらえて、マイナスになっていく可能性もあります。

　そして仮にやめしまったとしても、やめた理由を明確にして、また継続できるアプローチで取り組めばいいだけです。

　失敗はありません。フィードバックを踏まえて再度、スタートしてください。

　そして、まだトレーニングを始めていないあなたには、この Chapter でお伝えする内容を知ってもらって、「英語を自在に使えること」で「あなたに何をもたらしてくれるのか？」「あなたならどんなことをしてみたいのか？」を、ぜひ想像や妄想をどんどん膨らませてニヤついていただければと思います。

英語を話せることで
あなたが手に入れるメリット

英語を身につければ、あなたの可能性は大きく広がる

確認させてください。

「英語を話せることであなたが手に入れるメリットはなんですか？」

- 海外旅行で英語のコミュニケーションで困ることなく快適に旅行できる
- 子どもたちは英語ができるので、親の自分も自信を持って英語を話せる
- 海外との取引や、仕入れなどビジネスチャンスが広がる
- 海外の最先端の情報をいち早く入手できる
- インバウンド、外国人観光客関連の仕事を広げていける
- 英語が話せることでキャリアアップができる
- 洋書や海外サイトが読める
- 外国人の友人や恋人ができる

いろいろなことがあると思います。

では、英語を話せるようになることで、何かデメリットはあるでしょうか？

日本語能力の発達していない小さな子どもに日本語教育をおろそかにして、英語教育に力を入れることはデメリットになるといわれていますが、日本語能力が確立された大人には当てはまりません。

おそらく、デメリットはありません。英語が話せるようになることは、あなたにとってメリットにしかならないんです。

　巷には「英語不要論」があるのも事実です。
　ここでは、この議論に対して私の意見をシェアするのは控えます。その人にはしっかりとしたその人のそう考える意図があるからです。
　ただ、事実をお伝えしておくと、良い悪いは別として男性でも女性でも英語が話せるとモテますし、誤解を招くことをおそれずに言いますと、一般的には（実際の能力に関わらず）仕事ができるように見られることが増えます。

　そして、私が強調したいのは、**一度身につけた英語を自在に使えるその能力は、誰もあなたから盗むことが100％できない、あなただけの財産ということです。**しかも、一度身につければ一生モノです。
　そして、その能力は、日本語しか使うことができなかったときには決して見ることも、経験することも、存在することすら知らなかったことに触れるチャンスをあなたにもたらしてくれます。

　もしかしたら、あなたは周囲から「英語なんて日常生活で使うことないのに、時間の無駄でしょ」と心ない言葉をかけられているかもしれませんが、決して気にしないでください。
　英語というコミュニケーションツールを身につけることで、あなたが何歳であろうと可能性は広がります。
　それは私が保証します。

このレベルになって考えてほしいこと、そして次のレベルへ

基礎レベルになったあなたが次に目指すべきところは？

Chapter 2 でもお伝えしましたが、英語で自分の言いたいことを 80％言えるようになったあなたは「語学レベルの 3 段階」の中の基礎レベルになりました。そして、これから目指すのは「中級レベル」です。ちなみに「語学レベルの 3 段階」についてもう一度お伝えすると、まずは、基礎レベル、その次が中級レベルそしてその上がネイティブレベルになります。各レベルの詳細はこうです。

● **基礎レベル**：自分の言いたいことが 80％英語で伝えることができ、ネイティブの話す英語が 80％聞こえるレベル

● **中級レベル**：1 対 1 のコミュニケーションだけではなく、2 人以上のネイティブの会話に割って入ってコミュニケーションができ、ネイティブの話す英語が 80％理解できるレベル

● **ネイティブレベル**：さまざまなネイティブが使いこなす言い回しを理解し、相手に合わせて言い回しを変えることができ、あらゆるトピックでしっかりとした議論ができ、コミュニケーションができるレベル

先ほどもお伝えしましたが、あなたは今、基礎レベルですので、中級レベルを目指したトレーニングが必要になります。この段階で初めて「語彙力」や「表現力」のを豊かにしていく話に入っていけます。

まずは、語彙力からみていきましょう。

「語彙力を増やす」と聞くと「あぁ～。やっぱり単語集か……」とあなたは感じたかもしれませんね。もちろん、単語集でもかまいませんが、単語集を使わなくても語彙力は増やすことはできます。

私が基礎レベルの受講生さんに中級レベルを目指してもらう際には、その人のタイプを考慮して判断します。

多くの人は「暗記」と聞くと「苦手」といいますが、なかには「暗記大好き！」「暗記なんて全然、楽勝」という人もいます（うらやましいかぎりです）。そういう人は、「お勉強スタイル」を好んだりしますので、単語集をオススメしています。

私が単語集をオススメしない3つの理由

Chapter 1 でもお伝えしましたが、私があまり単語集をオススメしない理由は3つあります。

①私たちが習得したい英語はコミュニケーションツールとしての英語であり、学生時代の結果で成績が変わるテストのための英語ではない。

②「たくさんのデータから頻出によって抽出された単語集に掲載されているそれらの単語をあなたは自分の人生ですべて使いますか？」という疑問があり、「あなたが使う単語をどんどん身につければいいんじゃないの？」という持論があるから。

③単語帳で憶えた単語は「知っている」という知識になるが、実際には「使えない」ことが多い。「知っている」と「使える」は違うから。
（でも、基礎レベルのあなたは、トレーニングを始める前よりは英語回路ができているので、使える可能性は大）

単語集を使わないで語彙力を伸ばすためには、その人のゴールや今後、

英語でやってみたいことをベースにして取り組み方を提案します。

　具体的には、その人のゴールや興味に合った教材を使って、語彙力をどんどん増やしていただいています。その教材は、通常は本、雑誌、インターネットのサイト、動画などです。詳しくは後述しますが、「読む」という行為は英語力をアップさせる最強の方法のひとつです。

　その他にも、アウトプットのトレーニングでわからなかった単語や日常生活で気になった「これって英語でどう言うのかな？」と頭に浮かんだ単語などをリストアップしてもらい、身につけてもらう方法があります。

　このリストにまとめられた英単語は、あなたがまた使う、そして使いたい英単語の確率が非常に高いものばかりです。これ以上、あなたにとってベストな単語帳はありません。

暗記が苦手な人にオススメの私の単語暗記法

　ここで「暗記」が苦手なあなたに、暗記ができなかった私が使っている「暗記法」をシェアしますね。ここでいう「暗記」は、知っているだけではなく、使える単語を身につけることです。

　私が使っているのは、英単語をイメージで記憶していく **Pictionary**（ピクショナリー）という方法です。

　まず、憶えたい単語がでてきたらそれを Google でイメージ検索します。そして、出てきたイメージと関連づけて覚えていくのです。

　イメージ検索でしっくりくる画像が表示されなかった場合は、イメージや感情を使ってストーリーをつくって記憶していきます。

　たとえば、**procrastination**（〔するべきことの〕先延ばし、引き延ばし、**先送り**）という単語を憶えないといけないときに、Google のイメージ検索をしても意味とつながるような画像は出てきません。

　そこで、自分がやらないといけないことがあるのに先延ばししているときに感じる嫌な感情をこの単語と結びつけます。

　やらないといけないのに、なかなか手をつけられないでいるとき

に感じる「ダメだなぁ」とかいう感情はありませんか？　それが、**procrastination** です（もし、発音がわからなければ今、調べてマネしてくださいね）。

　もうひとつ例をあげると **embarrassed** という単語があります。「恥ずかしい」という意味ですが、何か恥ずかしい思いをしたその感情と結びつけることで、定着しやすくなります。
　私がこの **embarrassed** を使えるようになったときのエピソードがあるのですが、本当に鈍臭いことを友人の前でしてしまって死ぬほど恥ずかしい思いをした感情と結びついています。結構、強力な方法なのでぜひ、お試しを。

　これで終わりではありません。可能であれば、誰かにその新しく身につけたい単語を使って話す。それが無理でも、友人、知人、家族に「ねぇ、**procrastination** ってどんな意味か知ってる？」と自慢げに教えてください。こうすることで、あなたに **procrastination** という単語が定着します。
　古代ローマの思想家セネカも「人は教えるときに学ぶ」と言っています。

　著名人や大企業を多数顧客に持つアメリカのブレイントレーナーのジム・クイックさんは、記憶力に「良い」「悪い」はないと断言しています。なぜなら記憶力はトレーニングで改善できるからだそうです。そして、「長期記憶とは、情報＋感情だ」と唱えています。

　そして、もうひとつ。**語彙力をさらに増やすのにオススメなのが、同義語と類義語をチェックしていく方法です。**
　ひとつの単語から情報を掘り下げていくイメージですね。それと同時に、英単語にはいくつかの違う意味をもつ単語が多くありますので、単語をチェックしたときに、それらも「へぇ～、こんな意味もあるのか」とリスト化しておくとさらに GOOD です。

今、シェアした方法は、私が使っている方法の一部です。ほかにも方法はいろいろありますので、あなたに合った方法を探してみてください。

Very を安易に使わず、表現力を広げよう

次に「表現力」を見ていきましょう。

まず、「英語の表現力」と聞いてあなたは何を思い浮かべますか？

ネイティブが使う言い回しや比喩表現と思ったかもしれませんし、どんどん展開する会話をイメージしたかもしれません。わからないことを説明できる力——と考えたかもしれません。

実は、いろいろとあなたの頭の中に浮かんだこと。そのすべてがあなたが「欲しい」と感じている「表現力」なんです。語彙力を増やすところと重なる部分がありますが、やはり、あなたに必要なものをまず身につけることが重要です。

だからこそ知っておいていただきたいことがあるので、ここでは、まずその部分をシェアさせていただきます。

まず、ある意味、基礎レベルに到達したあなたは自由です。

たとえば、

Hey, don't worry. I'm all ears.
心配しなくていいよ。ちゃんと聞いているから。

と相手が言ったときに「はっ？ 全部耳？」とパニックにならないようにする方法もありますし、**mind blowing（超びっくりするような、ショッキングな）**のような表現を使うことで、いつも **very** を使って強調する表現、または **great** や **excellent** などのお決まりの表現から脱して、さらに具体的に伝えることもできます。

ある研究では、同じ言葉ばかりを使うと思考が固まって新しい発想が出

ず、会話が展開しないという報告もあります。

　先ほどもお伝えしましたが、基礎レベルのあなたは自由です。どんどん、いろいろな表現を身につけて、自在に会話ができるようになってください。

　ここでは、いくつかの **very** を使わない表現方法をシェアします。

very hot = boiling / scalding / scorching
very cold = freezing
very good = superb
very bac = terrible
very tired = exhausted / drained
very hungry = starving
very full = stuffed
very angry = furious
very small = tiny
very clean = spotless
very dirty = disgusting
very rude = vulgar
very short = brief
very beautiful = gorgeous / stunning
very busy = swamped
very crowded = packed
very happy / excited = thrilled
very scary = horrific
very fortunate = miraculous
very ridiculous = absurd
very nervous = jittery
very remarkable = outstanding
very important = vital
very poor = destitute

very damaging = devastating

　そして、中級レベルを目指す際に絶対に避けて通れないことがあります。それは、「ネイティブたちの会話に割って入る」ことです。今、あなたは基礎レベルなので、1対1の会話はリラックスしてできます。しかし、ネイティブが会話しているところに入るのはどうでしょうか？　一気にハードルが上がったように感じませんか？

　しかし、これができなければ、さまざまなシーンでいろいろな人たちと英語で会話することが難しくなってしまいます。
「そんなこと言われても……」
　そう感じるかもしれませんが、大丈夫です。あなたならできます。まずは、次のように、気軽に声をかけて話に入ってみましょう。

Hi, what are you guys talking about?
何を話してるの？

Can I join you?
加わってもいい？

　パーティーなどの場では声をかけてもらえるかもしれませんが、自分から声をかけることを断然オススメします。

　あとは実践あるのみです。複数のネイティブと会話する場がない場合は、Meetup などでネイティブの集まりに参加してみましょう。または、ネイティブの講師を2人雇って、トレーニングをするのも手です（オンラインでも可能です）。

　実際、この中級レベルになれば、英語で困ることはほとんどなくなります。ぜひ取り組みを続けて中級レベルになってくださいね。

ビジネス英語を身につけたいあなたへ

あなたが求めるビジネス英語を明確にすることが大事

ここでは、「ビジネス英語」についてお伝えします。

この「ビジネス英語」を身につけるにも基礎レベルになってから取り組むことを強くオススメします。理由は、そのほうが効率的に身につくからです。でも、もし会社の命令ですぐにでも身につけないといけない切迫した状況ならぜひ、私にご連絡をください。スペシャルメニューでお待ちしています。そんな冗談はさておき、本題です。

「ビジネス英語」といっても、知識においても、程度においてもかなりの幅があります。つまり、あなたの指す「ビジネス英語」の中身によって身につけるスキルが変わってきます。

たとえば、あなたが一流企業の社員で海外の企業と取引をするのに毎週、テレカン（電話会議）をこなし、プレゼンテーションをしないといけない立場や、上司や部下がネイティブでチームとして成果を出さないといけない立場であれば、このあとお伝えする「ザ・ビジネス英語」をガッツリ身につける必要があります。

ところが、あなたの指す「ビジネス英語」が企業との取引ではなく、個人レベルの取引や海外の起業家とのやりとりなどを指す場合は「ザ・ビジネス英語」とは違う英語のスキルを身につける必要があります。

この場合は、どんなビジネスかによっても身につけるものが変わってき

ますので、ここでは深掘りしませんが、「ビジネス英語」がどんなレベルなのかによって、身につけるスキルが変わることを認識してください。

英語には敬語がないは大きな間違い

「ザ・ビジネス英語」と「通常の会話」の違いを具体的に認識することも大切です。

　たとえば、日本では上司、部下という上下関係は存在し、上司や取引先には敬語を使います。一方、欧米では先輩、後輩という概念はありません。職場にもよりますが、日本よりもかなり人間関係はフランクです。日本は「縦社会」、アメリカは「横社会」と評する人もいます。根本的に構造が違うんですね。

　日本の社会では、話す相手が自分よりも上か下かで言葉遣いを変えますが、アメリカの社会では誰もが平等という前提でコミュニケーションがなされるので、基本的には人間関係ができ上がるまでは「丁寧な言葉遣い」でコミュニケーションをとります。決して、誰にでもカジュアルな言葉で話しているわけではありません。

　私たちは「英語には敬語がなくて、職場ではみんないつもカジュアル」というイメージを持っていますが、それは間違った認識です。

　Chapter 4 でもシェアしましたが、仮に上司に注意されても簡単に I'm sorry. とは謝りません。もちろん、上司も承知していますから、謝ることは要求されませんが、自分の意見、行動の理由をしっかりと伝えなければいけません。ここも日本の職場でのコミュニケーションとは違いますね（日本だと、上司の反応や自分への評価を気にしてしっかり自分の意見を伝えることなく「すみません」と言葉では謝るものの「納得いないなぁ」なんて不満をもつ……なんていうことが起きていそうですが）。

　私は、日本の会社や職場と、アメリカや海外の職場では、「成果を上げ

ていこうとする」パワーの質が違うと感じます。その違いはおそらく、ビジネスシーンで「使う言葉」の違いなのかなと思っています。

　具体的には、多くの日本の職場では、上司や経営者が使う言葉にあまり気を使っていないように思います。一方、アメリカの職場では「それぞれの立場の人が『使う言葉』に気を配っている」という印象があります。
　そこで使われている言葉が「ザ・ビジネス英語」です。**アメリカ人がビジネスシーンで使う英語は「パワー」や「感情」を無意識に引き起こさせる言葉**なんです。

　たとえば、「この問題を明日までに解決しないといけない」と言うときに、日本人なら次のように言いがちです。

We need to solve this problem by tomorrow.
明日までにこの問題を解決する必要がある。

　問題の程度が深刻でないならこの表現はイマイチです。この「問題」を **problem** にしてしまうと、「解決するのが難しい」というネガティブな印象を与えるので、ここでは **problem** を使わず **issue** を使います。**issue** には、「すぐに話し合われるべき課題、問題」という意味があり、ビジネスシーンでは適切な言葉だからです。

We need to solve this issue by tomorrow.
明日までにこの問題を解決する必要がある。

　ただし、上司が部下に対して「この問題は深刻だ」という印象を与えたい場合は、「ネガティブで解決するのが難しい」というニュアンスの **problem** を使うのが効果的ということです。

もうひとつ例を出してみましょう。

上司に「私のプレゼンテーションはどうでしたか？」と意見を聞きたいとき、日本人は次のように聞きがちです。

What do you think of my presentation?
私のプレゼンテーションはどうでしたか。

これだと漠然と考えを聞いているだけになっています。ビジネスシーンでふさわしい意見の求め方は次のような聞き方です。

Could you give me some feedback on my presentation?
私のプレゼンテーションに対する意見をいただけませんか。

日本語でもよく使う **feedback**（フィードバック）という言葉ですが、「改善のための意見、感想」というニュアンスがあるので、前向きな印象を与えられます。

Please を付けても丁寧な表現になるとはかぎらない

次に、ビジネスシーンで英語を話す際にぜひ、気をつけていただきたいことをシェアします。

Chapter 4 でもお伝えしていますが、日本人は日本語の会話でも短く答える傾向があります。これを英語でやると、かなりぶっきらぼうに聞こえます。特にビジネスシーンでは、失礼な態度と受け取られかねません。通常の会話でもそうですが、しっかりと情報を伝えること、そして相手が受け入れられる表現で伝えることが重要です。

言語学博士のウィリアム・ヴァンス氏によると、アメリカでは成功のレベルと語彙数は深い関係があると、さまざまな研究で証明されているそうです。「上手に英語を書き、話せることは、学歴よりも多くの可能性を開く。

その一方で、英語が下手だと失うとは想像もしてなかった可能性までダメにする」と言っています。

　ビジネスにおける英語は、はっきりとした意図を誤解なく認識してもらうために、そしてそれが難しいことやネガティブなことでも受け止めてもらえるように厳選した「言葉」で表現しているということなんですね。

　最後に、「お願い」や「依頼」をするときに Please を使うのは、ビジネスシーンでは避けるべきです。

　ときどき、「英語は何でも Please さえつけておけばいい」と主張されている人がいますが、私は反対です。

　Please は使い方によってとても失礼に聞こえたり、強制しているように聞こえますので、**Please** をつければすべてが丁寧になるとは思わないでくださいね。

リーディング力アップは、
スピーキング力アップに直結する

実は読む力が高い人は上達が早い

　実は「読む（リーディング）」ことが、４技能（聞く、話す、読む、書く）のすべての基礎になるということをご存じですか。

　想像してみてください。

　読めないと何も理解できなくないですか？　リーディングができないと、聞いて理解することも、話すことも、書くこともできません。

　ただし、リーディング力が高いから他の３技能の力も高くなるわけではありません。読めるから流暢に話せるわけではなく、しっかりとトレーニングしていく必要があります。

　第二言語習得を研究している専門家は、まずはリーディングとリスニングを伸ばすのが良い方法だと言っています。

　リーディングは「目から」、リスニングは「耳から」情報が入ってきます。入り口は違いますが、リーディングとリスニングは「インプット」で脳内の同じルートで処理されていると言われており、関連性が高いためこのふたつの技能を伸ばすことが推奨されています。まずは、しっかりと「インプット」で情報を頭に入れて、そして「アウトプット」（話す、書く）をしていくことが大事ということですね。

　繰り返しになりますが、私たち日本人は中学校から何年間もしっかり「イ

ンプット」してきましたので、この本のトレーニング（アウトプット）することで基礎レベルをクリアできるんです。

そして「このままの情報量でストップして、インプットをしない」なんてことは……ありえませんよね。引き続き、どんどん「インプット」しないといけませんし、どんどん「アウトプット」する必要があります。

そして、もうおわかりと思いますが、その「インプット」にはリーディングが最適です（もちろん、リスニングも）。

先述していますが、**リーディング力がアップするほど、語彙力や表現力が上がっていきます。つまり、スピーキング力やライティング力（アウトプット）が上がっていくということです。**

付け加えるとリーディング力の高い人はリスニング力も高い傾向があります。なかに「読めるけれども、リスニングができない」人がいますが、これは単純にリスニングのためのルールを知らず、正しいトレーニングをしていないからです。

もし、あなたが「読めるんだけど、リスニングができない」状態であれば、解決策は簡単です。リスニング力を上げるトレーニングをすれば大丈夫です。

基本的には、日本語を早く読める人は、英語も早く読めるようになります。極端な話、日本語の本を速読できる人なら、英語の基礎力があれば、ものすごい速さで英語を読めるようになるはずです。

Chapter 2 でもお伝えしましたが、基本的には私たちの母語である日本語の運用能力が、第二外国語（英語）の４技能の運用能力と比例します。

ぜひ、あなたが興味を持てるものを英語でできるだけたくさん読んでみてください。

もしかしたら、あなたはこんなことを思うかもしれません。

「そんなことを言っても英語のサイトとか見てると知らない単語がいっぱい出てきて読めないよ」

「英文って読むのにめっちゃ時間がかかるのよね……」

その感じ、よくわかります。あなたがそう感じるのには3つの理由があります。

- 単純に英語を読むことがなかったから
- 知らない単語が出てくるから
- 読み方を知らないから

この本を読んでいるあなたは、一念発起して「今度こそ英語を話せるようになるぞ！」と久しぶりに英語に取り組んでいるかもしれませんし、これまでも英語を話せるようになるために努力してきたかもしれません。しかし、そんなに英語を「読む」ことに目を向けてこなかったのではないでしょうか？

学生時代の長文読解の問題以来……ということはないかもしれませんが、「英語を話せるようになりたい」人が「読むことも重要だから今日からは毎日英語を読むぞ！」と考えるのは難しいかもしれません。

長い英文に慣れていないのは当然です。アルファベットの羅列に圧倒されても不思議ではありません。

そして単語です。

英文を読めば、知らない単語は出てきますが、**知らない単語は飛ばして読んでいくのがコツです。知らない単語が出てきたからと、そのたびに辞書で調べないでください。これをすると必ず挫折します。**

「そんなこと言ったって、単語がわからなければ理解できない！」と言われそうですが、まずは、単語にとらわれずに読み進めることをオススメします。

そして、ここがポイントですが、その英文は「あなたが興味のあるもの」のはずなので、あなたにもキーワードや専門用語はわかるはずです。最初のうちはすべて理解できないことに不快感があるとは思いますが、そこをグッとこらえて「文脈」で理解するようにしてください。

　たとえば、最初に原因が書いてあって、その次に結果が書かれている。または、最初に結果が書いてあって、あとに原因が書いてあるような「因果関係」のパターンが見えてくれば、推測して読むことができます。

　これは「パラグラフリーディング」という英文の読み方です。「パラグラフリーディング」ではパラグラフ（段落）の最初と最後の部分に筆者の言いたいことが書いてあることが多いので、そこを読むことでそのパラグラフの内容が推測できます。

　もう一点、「文脈」で読むことについてシェアすると、今から読むその英文に「何が書かれているのか」がだいたいわかっていれば、知らない単語があってすべて読むことができなくても推測できます。

　まずは、最初から全部を理解しようとしないでください。理解しなくても大丈夫です。

　そして、特に基礎レベルであれば、毎日5分でもいいので英文に目を通すことを習慣づけるだけでも英語力は上がります。

　ポイントは、最初から欲張らないこと。「このサイトの記事を1日ひとつ読もう」「この洋書を毎日5ページ読もう」というのは一見、良い設定に見えますがオススメしません。おそらく、挫折します。

　それよりも、毎日5分だけ、10分だけと時間を決めて取り組むことです。そして「タイミング」を決めておくことも重要です。朝ごはんの前、ランチのあと、午後のコーヒーブレイクの間など決めておくといいと思います。

　出てきたわからない単語は、読み終わったあとに「何度も出てきた単語」や「読んでいて気になった単語」をいくつかピックアップして、その単語

を身につけてください。決して、片っ端から全部調べて覚えようとしなくて大丈夫です。読むことに慣れてきたら、少しづつ覚える量を増やしてもいいと思いますが、最初からはやめてください。

じつはリーディングの確立されたアプローチ法に、電気通信大学の酒井邦秀氏が提唱した「英語多読法 (SSS = Start with Simple Stories)」があります。この方法は、「やさしい本から徐々にレベルを上げ、大量に英文を読む」のが特徴です。
SSS には以下の３つのルールがあります。

①辞書は引かない
②わからないところは飛ばして読む
③つまらなければやめる

「知らない単語が全体の５％以下の本」を選ぶことが本を選ぶ基準になっているので、読む本として推奨されているのはネイティブの幼児・子ども向けの児童書や英語学習者向けのものになります。
たしかに、知らない単語が全体の５％以下の本であれば苦痛なく読み進められますが、読む本の選択肢が少なく、大人にはつらい部分があると個人的には考えています。どうしても子ども向けの、英語学習者全般に向けた本なのでトピックが物語や伝記、自然科学の本が多くなります。
この方法はとても良いと個人的には思っていますが、私が重視したいのは「自分の好きなトピックやジャンルで興味を持てるもの」を読むことで、欲しい情報や知識を効率的に身につけることなので、この SSS を強くはオススメしません。ただし、物語や伝記、自然科学の本が読みたいのであれば、とても良い方法です。

そして、最後に読み方ですが、あなたは学生時代のテストで出題された長文読解の問題をどう読んでいましたか？　読んでは戻り、読んでは戻る

「返り読み」をしていませんでしたか?

　残念ながら「返り読み」をしていては英語をスラスラ読めるようにはなりませんし、さらには、スピーキング力、リスニング力、ライティング力アップの妨げになります。

**　今、この瞬間から「返り読み」は一生しないと決めてください。**

　では、「返り読み」をしないで英語を英語の語順で読んで理解していくにはどうすればいいのか?

　それは、Chapter3 でもお伝えしています「スラッシュ・リーディング」のトレーニングをすることです。

　ここでは、スラッシュ・リーディングについて詳しく触れませんが、基本的には英文の意味ごとにスラッシュ(/)を入れていって、スラッシュごとに前から戻ることなく英語の語順で理解していく方法です(インターネットにも情報がありますし、書籍も多数ありますので、ぜひ調べてください)。

　ぜひ、これらのことを踏まえて、少しずつでもいいので英語を読むようにしてくださいね。そして、英語もスラスラ読めるようになって、自然と大量のインプットができるようになりましょう。

英語＋α＝継続可能なアウトプット

英語上達させるための3つの「＋α」

まず、最初の＋αです。

あなたの趣味はなんですか。男性なら、スポーツ観戦、釣り、ギター、日曜大工、バイク。女性なら、料理、パン教室、ヨガ、ハンドメイド、ランニングなどでしょうか。

私から基礎レベルになったあなたへの提案は「楽しみながらレベルアップしていきましょう！」です。

あなたは、これまでトレーニングを継続してきて、英語で自分の言いたいことが言えるようになりました。これから中級レベルを目指す際には、今までと同じトレーニングではなく、せっかくなので楽しんでできる方法で取り組みを継続してほしいと思います。

Chapter1でもお伝えしましたが、**英語を習得する大きな壁のひとつが「継続」です。**いかに「継続」できるかが英語習得のカギであることは間違いありませんし、「継続」さえできれば、自然にどんどん上達していきます。

基礎レベルになったあなただからこそ簡単に「継続」できる方法が**「英語を使う環境で趣味を楽しむ」**ことです。

たとえば、ギターをネイティブから習ったり、ネイティブと一緒に釣りに行ったり、ネイティブが講師をつとめる料理教室やパン教室、ヨガのレッスンに通っていることを想像してください。

楽しそうじゃないですか？

　もちろん、Meetup で企画されているさまざまなイベントに参加するのも楽しいですし、パーティーも開催されています。ぜひ、探して参加してみてください。

　次の「＋α」は、環境整備です。

　環境整備と聞くと何だか大袈裟な感じですが、**「あなたの身の回りの環境を英語対応に変更する」**のです。

　たとえば、パソコン、スマホの言語環境を英語に設定する、SNS も英語に設定するのはひとつの方法です。

　ついでに、SNS などの投稿も英語でしてみましょう。

「英語で投稿!?」と思うかもしれませんが、最初から日本語での投稿と同じような投稿を英語でする必要はありません。その日に気になった単語や表現を投稿したり、その日の感情や**「I'm heading to Osaka.（大阪へ移動中)」**のような簡単な投稿をしてみましょう。

　もうひとつは、手帳を英語でつける方法です。手帳にスケジュールを記入することは必ずあなたと関わりが深いトピックや項目のはずです。ここで書きたいことが英語で思いつかないときは、しっかり調べて記入します。そうすることで、さらにあなたにとって必要な表現がまた身につきます。

　そして、最後の＋αは、**「ランゲージエクスチェンジ（言語交換）のパートナーを見つける」**です。

　スマホのアプリやインターネットのサイトで無料でできるので「継続」して英語に簡単に触れる意味ではとてもオススメです。

　たとえば、最初にシェアした趣味を英語で習うような場が見つからないときでも、このランゲージエクスチェンジパートナーがいれば、スキマ時間にコミュニケーションをとれます。

　仮にあなたがまだネイティブと直接英語で会話するのはハードルが高い

場合でも（このマインドセットは持っていてほしくはないのですが……）、エクスチェンジパートナーとのやりとりはチャットなどで行うので、直接会って話すよりも比較的取り組みやすいと思います。

　ただし、女性は出会いを目的に登録している男性もいるので、すぐにLINEなどのIDを聞いてくる人には注意が必要です。この部分は十分注意をしたうえでコミュニケーションを楽しんでください。

　最後にエクスチェンジパートナー探しに役立つ、いくつかのサービスをシェアします。

表6-1	エクスチェンジパートナー探しに役立つサイト10選①

● **Tandem**
（https://www.tandem.net/）

ユーザー数500万人以上を誇る巨大コミュニティサイト。言語交換のパートナー探しだけでなく、英語講師によるレッスンも提供している。

● **Hello Talk**
（https://www.hellotalk.com）

150カ国以上から1,000万人以上が登録しているサイト。スマホやタブレットのアプリをメインに展開している。

● **Lingbe**
（http://www.lingbe.com/）

スマホやタブレットのアプリをおもに利用するサービス。言語交換のパートナーが自動マッチングされるシステムが特徴。

● **Speaky**
（https://www.speaky.com/）

180カ国以上のユーザーが登録している。検索すると、オンラインユーザーをすぐに見つけられるので、思い立ったときに利用できる。

表 6-2 │ エクスチェンジパートナー探しに役立つサイト 10 選②

● Open Language Exchange
(https://en.openlanguageexchange.com/)

240 カ国以上、ユーザー数 7 万人以上、言語数 192 を誇る。オンライン中のSkypeやFace Time の利用者が表示されるので使いやすい。

● Inter Pals
(https://www.interpals.net/)

100 を超える国のユーザーが登録している老舗サイト。オンライン中のユーザーが常に表示されているので、すぐに連絡を取ることが可能。

● Conversation Exchange
(https://www.conversationexchange.com/)

この手のサイトでは老舗。学習目的が文字ベースか言語ベースかを選んで絞り込める。

● We Speak
(https://app.wespeke.com/connect)

スマホやタブレットのアプリを使用できるので、Skypeなどを使わくても利用できる。Tandemのように英語講師によるレッスンもある。

● Easy Language Exchange
(https://www.easylanguageexchange.com/)

56 カ国のユーザー 7 万人超を擁するサイト。自分が話せる言語と、自分が学びたい言語を選択すると、マッチするユーザーが表示される。

● Language for Exchange
(https://www.languageforexchange.com/)

200 カ国以上のユーザー 10 万人以上が登録する。世界中の語学学校を検索できる機能は、ほかのサイトにはない特徴。

Chapter
6
さて、ここからはあなた次第！

Afterwards

　地元に家族でよく行くお寿司屋さんがあります。私が引っ越しをしてきた高校生のころからずっと通っているお寿司屋さんです。

　そこのお父さん（店主）は、80歳を超えた今も現役でおいしいお寿司やおつまみを食べさせてくれます。

　ある日、いつものようにおいしいお寿司をほおばり、美味しいお酒を飲みながらいろいろな話をお父さん（店主）も交えてしていました。そして、なぜか「レシピ」の話になりました。

　料理の「レシピ」です。

　私の母は、最近スマホで見ることができる動画のレシピサイトがお気に入りで、頻繁にチェックして料理をつくったりしています（はい。おいしくいただいています）。本当に、わかりやすく、簡単にできる、初心者でも必ずつくれるような動画になっています。しかも、電子レンジなどを駆使して楽に料理ができるように工夫されています。

　ただし、お金を払って食べるプロの味とはまったく違います。

　その話の中で、お父さん（店主）が持っている、今でもさまざまな料理の参考にしているプロが使う古いレシピ本の話をしてくれました。お父さんの話によると、大事に使っているレシピ本には調味料をどれくらい入れればいいのかは書いていないそうなんです。昔の料理のプロも使っていたレシピ本です。内容はしっかりしているはずです。しかし、調味料をどれだけ使えばいいのかが書いていないとなると、その料理は再現できないんじゃないの？　と思った私はお父さんに質問しました。

「じゃあ、どれくらい調味料を使えばいいかわからないよね？　なんで載せてないのかな？　出来上がりの味がバラバラになるんやないの？」

　するとお父さんは、「今は便利な時代やから若い人には理解できへんかもしれんけど……」と前置きして、こう言いました。

「その人によって使う醤油やみりんの種類は同じじゃないやろ？　だから
わざと載せてないんや。そして、料理の出来は料理人が自信を持ってお客
さんに出せるレベルなら大丈夫やろ？」

　書店に行けば大量の「英語本」が並んでいます。
　インターネットではさまざまな英語の教材、オンライン講座の案内を
目にします。そこで目にするのは「○○分で英語が話せる」「これだけで
完璧！○○○フレーズ集」「1週間で英語が話せるようになる○○ルール」
などの飛びつきたくなるようなタイトルの書籍や教材、プログラムです。
　それらの根底にあるのは、明らかに「楽に、そして簡単にできる」とい
うメッセージです。スマホの動画レシピも同じですね。
　とってもインスタントなものが求められているんだと痛感します。

　私は、本書を通して、「英語で自分の言いたいことが80％言えるように
なる本です。しかも短期間で」とお伝えしてきました。これは、すぐに簡
単にできるということでは決してありません。そして同時に、「英語で自
分の言いたいことを80％話せるようになる」ことが非常に難しいと言っ
ているのでもありません。
　何を言いたいのかというと「正しいアプローチやトレーニングを正しく
取り組みさえすれば、必ず短期間で英語は身につく」ということです。
　そして、もうひとつ重要なことはお父さんが教えてくれた調味料のよう
に、私たち1人ひとりは違う個性を持った違う人間です。好きなこと、得
意なこと、チャレンジングだけど楽しめる方法は人それぞれ違います。

　私は高校生のころから暗記が苦手でした。なかなか暗記ができない自分
に「やっぱり、ダメかぁ」とネガティブな言葉をつぶやいていました（あ
なたは、絶対しないでくださいね）。
　しかし、お勉強には暗記が重要です。暗記が苦手だった私は、お察しの

とおり、あまりお勉強は得意ではありませんでしたが、そんな私でも英語を身につけています。Chapter 1 でもお伝えしていますが、英語習得は「お勉強」ではないんです。

　英語を身につけるための工夫が必要になってきます。私が実際に経験、体験してきたさまざまな「工夫」が、この本でお伝えしたさまざまなメソッドやトレーニングの基礎になっています。

　私が留学してすぐ学校のオリエンテーションで、目の前で話している先生の話している内容がまったくわからず、体からサーッと血の気が引くのを感じたことを今でも強烈に憶えています。そこからは、ものすごく不安で、焦りを感じる日々でした。

　日本へ帰るわけにはいかない私は、自分なりにいろいろと英語を習得するための方法を試しました。しかし、アメリカの学生生活は、課題に追われる毎日で、日本とは比べものにはならないほど忙しい。日本では手にしたこともなかった洋書を読んだり、リサーチをしたり、プロジェクトに取り組んだり……。英語のクラスでは、毎週1本のエッセイの提出が課題でした。今思えば、英語ネイティブが受ける英語のクラスを受けていたわけです。しかも、英語のクラスはプレゼンテーションとディスカッションで構成されています。日本の国語の授業とはわけが違います。本当に、当時の私を褒めてあげたいぐらいです。

　こんな感じの日々ですから、わざわざ単語集で単語を覚えたり、フレーズ集でフレーズを覚える時間はまったくありませんでした。そもそも私にとって単語集やフレーズ集はおもしろくないので続かないですし、暗記も苦手で無駄なことはわかっていたので、手に取ることすらしませんでした。

　学校初日のオリエンテーションで感じたあの血の気が引くのを感じた日から私はネイティブの会話を理解し、自分の意思がきちんと伝わる英語を一刻も早く身につける必要がありました。そして、その英語はテキストや参考書に載っている英語ではなく「私にとって必要な英語力」でした。

ぜひ工夫して、本書の中のトレーニングに取り組み、あなたが決めたあなたに必要なあなたのための英語を身につけてください。あなたの求める英語は、あなた自身がつくり上げるもので、誰のものとも比較する必要はありません。

　この本を手にしていただき、そして最後までお付き合いしていただいたあなたに心から感謝します。
　今、この文章を書きながら今回の「一生モノの英語回路」の旅が終わるのかと思うと安堵の気持ちと読んでくださったあなたのためにどれくらい貢献できたのか、正直不安な部分もあります。
「トレーニング」という面を強くプッシュしている分、文字でどれくらい伝わるかは、不安があるのは否めません。そして、何よりもあなたの「取り組み」という努力がなければ、本書の目的「英語で言いたいことが80％言える」は達成できません。ここまで読んで実践していただいたあなただからこそ「基礎レベル」を身につけてもらえると確信しています。

　このチャンスをくれた（株）あうんの岡本吏郎先生、そして実業之日本社の岩野裕一社長には心から感謝しています。出来の悪い私のことを嫌うことなく、真のアドバイスをくれる仲間、友人たち。彼、彼女たちがいなければ、私はこの本を出版できせんでした。本当に感謝しています。

2020 年 1 月

埜村友香

【著者紹介】
予約の取れない英語プロコーチ
埜村友香（のむら・ゆか）
大阪府出身。株式会社 CRECE 代表。The Art Institute of Seattle 卒。学生時代は英語ができずに大学受験に失敗。その劣等感を抱える日々のなか「英語を話せるようになりたい」と渡米を決意し、苦学の末、シアトルにある大学に入学した。このときの「どうすれば英語を自在に使える力が身につくのか」という自身の苦労や経験が、現在の英語トレーニング法の基礎となっている。大学卒業後は、父親ががんになったために帰国。社員 100 名を超す父親の会社を引き継ぎ、NLP（神経言語プログラミング）、コーチング、アドラー心理学、カウンセリングなどの知識を生かした組織改革に着手し、業績を向上させた。経営者としての経験や心理学の知識を生かしながら、「英語を身につけることで人生は変わる」をモットーに、自身が英語プロコーチとして活躍するかたわら、後進のコーチ養成にも尽力。その講義は、待たなければ受講できないほどの人気を博している。

・著者ホームページ
http://www.englishfluenz.com

本気で話したい人のための英語トレーニング
頭の中に一生モノの英語回路をつくる

2020 年 1 月 9 日　初版第 1 刷発行

著　　　者　　埜村友香

発　行　者　　岩野裕一

発　行　所　　株式会社実業之日本社
　　　　　　　〒107-0062　東京都港区南青山5-4-30
　　　　　　　CoSTUME NATIONAL Aoyama Complex 2 F

　　　　　　　TEL：03-6809-0452（編集）
　　　　　　　TEL：03-6809-0495（販売）
　　　　　　　ホームページ：https://www.j-n.co.jp/

印刷・製本　　大日本印刷株式会社

ISBN 978-4-408-33895-8（ビジネス）　©Yuka Nomura 2020 Printed in Japan